JANIK TREMBLAY

SOUS LA PLUIE SANS PARAPLUiE

ROMAN

Editions EDIPADE .COM. 2014 ©

Copyright © par Editions EDIPADE .COM. Tous droits réservés textes et illustrations. Aucune partie de cet ouvrage ne peut être reproduite, enregistrée ou retransmise sous aucune forme ni par aucun procédé électronique, mécanique, photographique ou autre, sans l'autorisation préalable de l'auteur ou de l'éditeur.

Éditions EDIPADE.COM
1145 Croissant Chantovent
Ste Adèle, Québec, J8B2Y6,Canada

SOUS LA PLUIE SANS PARAPLUIE
Roman
de Janik Tremblay

ISBN 978-2-9814384-1-6
Dépôt légal Bibliothèque du Québec, 2014

Directrice de collection
Galina Tomov

Dépôt légal Bibliothèque du Canada, 2014

Les noms, les lieux, les situations ont été volontairement changés ou utilisés à des fins romanesques. Toute ressemblance avec la réalité de personnages, de marques, de pays ou se sociétés connues existantes ne serait qu'une pure coïncidence ou le fruit du hasard.

« *Nous habitons dans une mémoire.* »
José Saramago

Chapitre 1

ROSE

L'appartement était sens dessus dessous. Rose était la championne de la procrastination. Elle ne voyait pas le désordre. La veille du retour de son mari, elle ferait appel à « La ménagère avertie ». Adrien était parti depuis cinq semaines. Il avait accepté un contrat au Maroc et Rose avait refusé de l'accompagner. Ces derniers mois, elle ne quittait guère Paris.

Elle se souvenait qu'à peine installés à Paris, Adrien, architecte en informatique, avait été sollicité pour un mandat de deux semaines à Prague. Rose avait été folle de joie. Elle avait téléphoné à Marianne, sa grande amie de toujours, l'implorant de venir découvrir cette merveilleuse ville avec elle.

— J'arrive, lui avait répondu Marianne, sans l'ombre d'une hésitation.

Elle avait prétexté une fatigue excessive pour s'absenter de son travail pendant deux semaines. Les récriminations de Thomas n'eurent aucun effet sur sa décision. Elle avait supplié sa mère de venir s'occuper de Colin et Justine.

À part la maison natale de Kafka, Rose et Marianne n'avaient, les premiers jours, visité aucun musée. Elles avaient préféré flâner au Café Louvre et au Savoy et regarder les passants par les grandes baies vitrées. La deuxième semaine, elles avaient arpenté la ville de long en large, s'imprégnant de ses odeurs et de son passé. Elles avaient traversé le pont Charles tant de fois que des musiciens les saluaient.

Marianne était revenue à Montréal épuisée, mais séduite par cette ville où elle ne pensait qu'à retourner.

Adrien ne comprenait pas pourquoi elle préférait croupir à Paris plutôt que de venir à Casablanca avec lui. C'était tout à fait lui, dire de telles bêtises pour manifester son mécontentement. Il avait été d'humeur exécrable avant de la quitter. Après un baiser hâtif, il avait franchi la porte en pestant contre sa valise.

Seule à Paris, Rose se sentait libre comme l'air. Adrien ne se rendait pas compte qu'elle se détachait de lui. Encore ce matin, elle ne put résister à l'appel des croissants au café du coin. Elle se laissait courtiser par un soleil hésitant qui semblait se cacher derrière d'immenses nuages gorgés de pluie. « Il y a de l'orage dans l'air, pensa-t-elle ». Elle attrapa son sac à main et sortit en claquant la porte.

Depuis les dix derniers jours, elle relisait l'œuvre entière de Romain Gary. Rose passait de longues heures à sa terrasse habituelle à dévorer les romans de ce grand écrivain. Elle était rendue à la période Émile Ajar. Elle avait souligné au stylo rouge une phrase de Monsieur Cousin dans Gros-Câlin qui l'avait tant bouleversée à vingt-trois ans : « *J'avais tellement besoin d'une étreinte amicale que j'ai failli me pendre.* » Cette phrase ne la bouleversait plus autant aujourd'hui sous le ciel de Paris. Éprouver une telle désespérance ne lui ressemblait guère. Elle referma le livre et commanda un autre café.

Derrière ses lunettes de lecture, elle remarqua un homme qui ne la quittait pas des yeux. Mine de rien, elle tourna la tête à droite, à gauche, afin de vérifier si c'était vraiment elle l'objet de tant d'attention. Elle était la seule femme de ce côté de la terrasse. « J'ai bien fait de mettre un peu de mascara et du rouge à lèvres », se dit-elle, flattée.

Complet gris anthracite et chemise blanche sans cravate, Rose le trouvait séduisant. «Me pendre à son cou, c'est, pour le moment, la seule étreinte amicale qui m'intéresse », pensait-elle. Elle échappa un sourire. L'inconnu lui sourit croyant que ce sourire lui était destiné. À l'instant où Rose rouvrit son livre, sans crier gare une pluie torrentielle se déversa sur la ville. Rose se leva précipitamment comme tous les clients assis à la terrasse. En l'espace d'une seconde, il était devant elle avec un parapluie grand ouvert.

« Merci, lui dit-elle d'un air étonné.

— Un Irlandais traîne toujours un parapluie », affirma-t-il en insistant sur le mot toujours.

Rose remarqua son accent.

« Je croyais que c'était plutôt les Anglais, répliqua Rose.

— C'est ce qu'ils croient, mais à tort. »

Rose se mit à rire : « Vous êtes en train de détruire une grande légende urbaine ». L'inconnu afficha un sourire de satisfaction.

Il lui demanda si elle aimait se promener sous la pluie. Elle lui dit qu'elle adorait se promener sous la pluie, surtout avec quelqu'un qui possédait un parapluie. Il lui présenta le bras et ils marchèrent en silence, pendant toute la durée de l'averse. Il était très grand, Rose devait lever la tête pour le regarder. Ses pieds étaient mouillés, ses sandales, toutes imbibées de pluie. Rose pensa rentrer. Il lui offrit de venir se sécher à l'hôtel où il logeait. Elle rit de son stratagème. Elle s'en allait refuser : « Non, je ne crois pas... », mais à brûle-pourpoint, elle acquiesça : « Pourquoi pas, après tout ! »

Ils marchèrent encore quelques minutes jusqu'au Grand Hôtel de Suez, qui n'avait de grand que le nom, lui confia-t-il, pince-sans-rire. Ils montèrent à sa chambre. Rose s'assit dans l'unique fauteuil de la pièce et retira ses chaussures. Il s'agenouilla près d'elle et sécha ses pieds avec une serviette. Il les massa et lui dit qu'elle avait de jolis pieds.

« Vous portiez des chaussures de sport, hier, lui dit-il.

— Hier ?

— Je vous ai vue à la même terrasse. Vous étiez absorbée dans votre lecture. »

Il n'avait pas osé la déranger.

Rose se pencha et lui caressa la joue. Il se leva, Rose également. Il prit son visage dans ses mains et l'embrassa jusqu'à ce qu'elle noue ses bras autour de sa taille. Leur étreinte dura longtemps. Il la déshabilla lentement, la porta sur le lit. Il retira ses vêtements sans la quitter des yeux. Il ouvrit son sac de voyage, en sortit un condom qu'il enfila rapidement et se coucha près d'elle.

« Je ne connais pas votre nom, lui susurra-t-elle à l'oreille.

— Richard Harris, chuchota-t-il.

— Comme l'acteur? s'étonna Rose.

— Hélas!

    Rose lui dit qu'elle adorait l'humour anglais.

— Irlandais, rectifia-t-il, l'humour irlandais. »

    Richard Harris glissa sa main sur son ventre, caressa délicatement ses cuisses. Lorsqu'il sentit l'abandon de Rose, il repoussa les draps et se coucha sur elle. Il embrassa sa bouche, son cou, ses seins, son ventre et lui lécha doucement le clitoris jusqu'à ce que Rose éprouve du plaisir. Il la pénétra et lui fit l'amour longuement. C'est ainsi qu'ils jouirent tous les deux dans une longue lamentation. Il roula à côté de Rose, lui demanda de venir dans ses bras. Il n'y avait que le silence entrecoupé de leurs respirations saccadées.

Quelques minutes plus tard, Rose sentit son étreinte se relâcher, Richard dormait. La tête dans le creux de l'épaule de son amant de passage, Rose ne chercha pas à expliquer ce qui venait de se passer. Le temps d'une averse, tout avait basculé. Voilà! Elle était blottie dans les bras d'un homme dont elle ignorait l'existence ce matin même. Pourtant, Rose avait l'impression de le connaître depuis longtemps ce Richard Harris. Elle frissonna.

Il y a des rencontres qui n'ont besoin d'aucune explication, elles s'imposent d'elles-mêmes. Comme s'il fallait continuer ce qui avait déjà été amorcé dans une autre vie. Rose ne croyait pas à toutes ces sornettes, mais les hasards et les coïncidences la préoccupaient grandement. Pourquoi hier, ne chantait-elle que « Danny Boy », une vieille chanson irlandaise qui lui avait contaminé le cerveau toute la journée? *Oh! Danny Boy, oh! Danny Boy, I'll love you so.* Et aujourd'hui, elle rencontrait un Irlandais qui portait le nom de l'acteur qu'elle aimait, adolescente.

Elle ferma les yeux en espérant que le sommeil lui permettrait de se réfugier dans un rêve protecteur. Peine perdue, c'est plutôt l'image d'Adrien qui s'installa dans son esprit. Rose avait découvert la liaison de son mari, quelques mois auparavant. Une lettre oubliée dans une poche de veston qu'elle apportait chez le nettoyeur. Intriguée, elle n'avait pu résister à l'envie d'ouvrir l'enveloppe décachetée avec le prénom Adrien écrit en lettres bleues et encerclé d'une couronne de cœurs et de pétales de marguerite dessinés sur l'i à la place du point.

Mon amour,

Tes caresses me manquent, tu me manques, Adrien chéri. Je ne pense qu'aux heures de bonheur que nous avons vécu ensemble. Jamais, je n'ai rencontré un amant aussi extraordinaire que toi. Ta bouche sur mon sexe, ma bouche sur ton sexe, c'est le paradis. Je t'attends impatiemment.

Ta Noémie qui t'embrasse partout.

Rose avait pensé que les amoureux utilisaient toujours les mêmes mots pour définir ce qu'ils ressentaient. Il suffisait de changer les noms et tout demeurait crédible. Une sorte de lettre universelle. Naturellement, les mots s'adaptaient à l'intensité du sentiment. Le grand amour requérait des mots grandiloquents, poétiques, dithyrambiques, l'amour ordinaire, des mots gentils, agréables, mignons et l'amour physique, des mots attrayants de sexe et de désir. Il était évident que cette chère Noémie était en train de découvrir l'amour physique avec un amant exceptionnel. Elle découvrirait que ce genre d'amour n'était que du désir inassouvi. Un sentiment très difficile à supporter, surtout si l'amant en question n'était pas libre.

En lisant cette lettre, Rose avait ressenti un pincement au cœur. Elle avait écrit à Marianne, sa seule confidente. Elles clavardaient presque tous les jours ensemble, elles n'avaient aucun secret l'une envers l'autre.

>Ladyrose : J'ai découvert qu'Adrien me trompait.

>Monalisa : Depuis longtemps?

>Ladyrose : Aucune idée.

>Monalisa : Comment?

>Ladyrose : J'ai trouvé une lettre d'amour dans la poche de son veston avant d'aller chez le nettoyeur.
>Monalisa : Tu décides quoi?
>Ladyrose : Rien.
>Monalisa : Aucune envie de le griffer ou de l'envoyer paître?
>Ladyrose : Pas vraiment.
>Monalisa : Bonté ou sagesse?
>Ladyrose : Je ne suis plus amoureuse de lui, je crois.
>Monalisa : Tu lui as dit?
>Ladyrose : À quoi bon?
>Monalisa : Bon sang que l'amour, c'est compliqué!
>Ladyrose : Tu ne saurais mieux dire! T'en reparlerai plus tard. Bisous...
>Monalisa : Bisous itou...

 Elle n'avait rien dit à Adrien. Ils étaient mariés depuis quinze ans, la passion s'était calmée. Elle n'avait jamais posé de questions sur sa fidélité, lui, non plus. Elle l'aimait comme on aime un être cher. Lassitude, détachement, ennui, elle ne savait trop comment l'expliquer.

« Pardon, j'ai dormi, entendit-elle.

— Pas longtemps, dit Rose pour le rassurer.

Richard Harris la serra dans ses bras, lui caressa les cheveux. Il lui dit qu'il ne connaissait pas son prénom.

— Rose.

Richard plaqua son nez dans son cou et lui dit qu'elle sentait bon. Il embrassa ses yeux et lui parla doucement. Il lui raconta sa vie, lui dit qu'il était quelqu'un d'assez ordinaire, médecin dans une campagne magnifique. En plus, deux jours par semaine, il travaillait à l'Urgence du Beaumont Hospital dans le nord de Dublin. Il travaillait soixante heures par semaine et souvent les week-ends. Aucun temps pour respirer. Est-ce qu'il était heureux ? Il se posait souvent la question. Il avait eu cinquante ans jeudi dernier et il s'était enfui. Il avait laissé un petit mot sur la table de la cuisine. « *Je pars pendant quelques jours, je me fais un cadeau d'anniversaire, ne me cherchez pas* ». Il était à Paris, il revivait.

Rose était rentrée en fin d'après-midi. Elle écrivit à Marianne sans prendre le temps d'enlever ses sandales toujours trempées.

>Ladyrose : Est-ce que tu sais comment se débarrasser d'un fantasme sexuel?

>Monalisa : En le réalisant.

>Ladyrose : C'est ce que je viens de faire et j'en suis très heureuse.

>Monalisa : Adrien est revenu?

>Ladyrose : Non, avec un inconnu...

>Monalisa : Vengeance?

>Ladyrose : Non, parce que non prémédité.

>Monalisa : Tant mieux. Raconte.

>Ladyrose : Fabuleux!

>Monalisa : Est-ce que tu te souviens du film « *Une liaison pornographique* »?

>Ladyrose : Nous avions adoré ce film. On avait même pensé faire comme Nathalie Baye et mettre une petite annonce...

>Monalisa : Nous étions folles, on n'aurait jamais osé, on était trop peureuses. Parle-moi de lui...

> Ladyrose : Il s'appelle Richard Harris...

>Monalisa : Comme l'acteur?

>Ladyrose : Je lui ai fait la même remarque et il a rétorqué : Hélas!
>Monalisa : Charmant!
>Ladyrose : Il est aussi beau que lui.
>Monalisa : En joueur de rugby dans « *Le prix d'un homme* », il nous avait vraiment impressionnées.
>Ladyrose : Il a 50 ans...depuis 3 jours.
>Monalisa : Oh! Oh!
>Ladyrose : Il est médecin en Irlande.
>Monalisa : Comme amant???
>Ladyrose : Bon!
>Monalisa : Mais encore?
>Ladyrose : Méticuleux, patient, attentif et je n'en dirai pas plus.
>Monalisa : La campagne irlandaise est magnifique à ce qu'il paraît.
>Ladyrose : C'est ce qu'il dit.
>Monalisa : Vas-tu le revoir?
>Ladyrose : Je te quitte sur cette question que je me pose aussi. XXX
>Monalisa : Bonne réflexion! XOX

La véritable question que Rose se posait c'était pourquoi il l'avait choisie, elle. Elle n'avait pas été choisie souvent dans sa vie. Même sa mère qui n'avait jamais voulu d'enfant lui avait préféré l'alcool. Qu'est-ce qu'elle voulait oublier cette femme-mère qui l'avait tant injuriée avant de mourir?

Rose n'attendait rien de personne. C'était souvent elle qui faisait les premiers pas. Elle aimait prendre le contrôle de toute situation, surtout amoureuse. Attendre un appel, une lettre, un courriel, très peu pour elle. Elle avait besoin d'être fixée au plus vite. À quoi bon espérer un homme qui ne voulait pas d'elle? Pourquoi donner à cette personne une importance qu'elle ne méritait pas?

Richard Harris l'avait remarquée la veille, lui avait-il dit. Il avait eu le temps de l'examiner et de se rendre compte qu'elle n'avait plus vingt ans depuis longtemps, comme dit la chanson. Ce matin, est-ce qu'il s'était dit en se levant, je retourne au café, je l'attends et je l'aborde? Pendant toutes ces minutes où il l'avait observée, à quoi avait-il pensé? Pendant qu'elle lisait, est-ce qu'il l'avait imaginée nue dans son lit en train de lui faire l'amour ? Avant de sortir de la chambre, il l'avait prise dans ses bras et lui avait avoué qu'il désirait la revoir. Elle avait refusé qu'il la raccompagne et n'avait accepté aucune invitation au restaurant. « *Je serai au Café demain matin, je vous attendrai. Venez, Rose, please.* » Rose avait refermé la porte doucement. La pluie avait cessé depuis longtemps laissant place au soleil intense de mai.

Être choisie. Rose répétait ces deux mots sans arrêt. Ils sonnaient à ses oreilles comme une musique caressante. Elle avait envie de gambader comme une gamine. Elle avait failli révéler à cet inconnu des choses qu'elle n'avait confiées qu'à Marianne, jamais à aucun de ses trois maris. Elle avait eu l'impression que lui, Richard Harris, la comprendrait, qu'il l'approuverait. Pourquoi, se demandait Rose, éprouve-t-on un pareil sentiment d'abandon envers telle personne et pas vis-à-vis d'une autre ?

Elle n'avait rien dévoilé, les mots n'étaient pas venus. Qu'est-ce qu'il lui prenait de vouloir se mettre à nu devant un inconnu. Elle avait peur de Richard Harris, elle se sentait si à l'aise avec lui, toutes défenses abandonnées. Pourquoi déterrer les secrets d'une enfant de sept ans?

Rose vérifia ses courriels. Elle n'avait reçu qu'un court message d'Adrien. Il lui disait qu'il pensait à elle. Moi aussi, je pense à toi, cher Adrien, mais elle n'écrivit rien.

Rose regarda sa montre, déjà dix-huit heures. Elle ne voulait pas manquer son cours de chinois à dix-neuf heures trente. Elle se prépara un sandwich, mangea rapidement, attrapa son sac à main, ferma la porte et marcha jusqu'au métro. Elle courait presque. Elle s'arrêta brusquement. C'est à ce moment qu'elle se rendit compte que Richard Harris lui rappelait son père.

Chapitre 2

Marianne

La sonnette n'arrêtait pas de carillonner. Marianne qui lisait dans son lit se leva précipitamment. Elle regarda l'heure, il était minuit trente. Le cœur battant, elle enfila sa robe de chambre et courut jusqu'à l'entrée principale. Elle regarda par le judas et aperçut Thomas. Inquiète, elle déverrouilla la serrure et ouvrit la porte. Il se précipita dans ses bras. Elle accueillit un homme terrifié, son haleine empestait l'alcool. Marianne, Marianne, Marianne, ne cessait-il de répéter, à la façon d'un mantra qui soulagerait son tourment.

Marianne l'entraîna jusqu'au salon. Il s'assit sur le divan et se mit à pleurer. Elle n'en croyait pas ses oreilles. En vingt-cinq ans de vie commune, Thomas n'avait jamais versé de larmes en sa présence. Il parlait d'une voix faiblarde. Les mots à peine audibles et remplis de trémolos qui sortaient de sa bouche la déconcertaient. Elle n'aimait pas le Thomas qu'elle voyait. Elle aurait voulu le secouer, le gifler. Ce qu'elle entendait la choquait.

« Le vide de ma vie me terrifie, Marianne, je me sens à côté d'un précipice. Est-ce que tu voudras me retenir, ma douce Marianne ? » Il disait n'importe quoi. Elle ne reconnaissait plus l'homme fort, plein d'assurance qu'elle avait aimé. Rose lui disait que Thomas était surtout pourvu d'arrogance. Ces deux-là ne s'aimaient pas beaucoup, ils se toléraient pour ne pas lui faire de peine.

Elle détestait la perception que les gens avaient d'elle : la gentille, la douce Marianne qui ne ferait jamais de mal à une mouche. La Marianne qui écoutait, encourageait, donnait des conseils qu'elle-même ne suivait jamais. La Marianne qui voyait toujours la vie du bon côté, qui ne se fâchait jamais, la Marianne dont on vantait le sourire engageant. C'est cette femme-là que Thomas désirait voir ce soir. Il ne connaissait pas la vraie Marianne, elle s'en rendait compte maintenant. Elle n'avait aucune envie de le consoler. S'il avait su qu'elle l'avait trompé pour se venger de lui et surtout pour l'oublier, il ne serait pas devant elle pour être réconforté. Il la maudirait.

Combien de fois Rose lui avait-elle dit qu'elle était une fausse douce? Une colère latente qu'elle dissimulait depuis si longtemps avait eu raison de sa joie de vivre depuis la rupture avec son mari. « Si tu veux être aimée, sois douce et compréhensive », lui disait sa mère. Rose rageait d'entendre de telles inepties. « Laisse-la dire », ripostait Marianne.

Marianne se souvenait du film « *Une femme douce* » de Robert Bresson qu'elle avait vu au Cinéclub du Cégep avec Rose. Marianne comprenait cette femme. L'intensité du regard bleu de Dominique Sanda la saisissait. Rose s'était ennuyée pendant toute la projection, elle avait même dormi au grand désespoir de Marianne qui avait eu peine à retenir ses larmes. Elles s'étaient disputées en sortant du film. Marianne avait déclaré qu'elle ne s'intéressait qu'à sa petite personne. Rose avait répliqué qu'elle avait tort et qu'elle ne tolérerait jamais que sa meilleure amie se suicide sans savoir pourquoi. « J'ai l'impression que tu t'apitoies sur un sort qui n'est pas le tien », avait ajouté Rose avant de partir précipitamment, laissant Marianne avec trop d'interrogations dans la tête.

Rose était revenue deux jours plus tard, elle avait déposé le livre « *La douce* » sur la table de la cuisine. Marianne l'avait regardée en écarquillant les yeux. « Le mari de la femme douce, c'est un pauvre abruti », avait lancé Rose. Marianne s'était insurgée contre cette interprétation tout à fait absurde et l'avait priée de modérer ses commentaires sans nuances.

« Depuis quand, Marianne Leclerc, tu me dis comment penser? avait demandé Rose le plus sérieusement du monde.
— Depuis...depuis...je n'en sais rien, mais tu n'as pas le droit de dire du mal des personnages de Dostoïevski. »

Devant l'incongruité de ses paroles, Marianne avait éclaté d'un fou rire interminable. Ce rire communicatif avait eu raison du mécontentement de Rose. Elles avaient ri aux larmes en pensant que le rire était le remède le plus apaisant au monde. Elles n'avaient plus jamais reparlé du film, mais elles s'étaient quelques fois remémorées ce fou rire célèbre dans les annales de leur longue amitié.

Thomas ne parlait plus, il ne faisait que renifler. Il ne lui avait pas tout dit, Marianne attendait l'ultime déclaration. Elle avait connu Thomas à l'université et ils ne s'étaient plus quittés pendant vingt-cinq ans. Il étudiait en droit comme Marianne, mais elle, elle avait bifurqué en sociologie une année plus tard. Thomas lui avait demandé de venir habiter avec lui, « parce que nous ne nous verrons plus si tu quittes le droit ». Marianne n'avait pas trop compris la raison qu'il invoquait pour la convaincre de partager sa vie.

« Qu'est-ce que tu ferais à ma place? avait-elle demandé à sa grande amie.

— Je l'enverrais au diable, avait-elle répondu sans hésitation.

Marianne trouvait que Rose le jugeait trop sévèrement.

— C'est tout ce qu'il mérite et cesse de toujours prendre sa défense, avait conclu Rose. »

Thomas ne lui disait jamais qu'il l'aimait, Marianne s'inquiétait. Rose lui avait déclaré que les hommes qui aimaient vraiment savaient parler d'amour et que « *les mots pour le dire leur venaient aisément* », comme disait l'autre. Marianne, les yeux pleins de larmes, avait eu du mal à cacher sa peine.

« Aussi parce que tu es trop belle », avait ajouté Rose pour se faire pardonner son manque de tact.

— Ton grand arrogant est aimé par la plus belle fille de la faculté et tous ses confrères l'envient, avait poursuivi Rose.

Marianne, stupéfaite, avait levé les yeux au ciel et l'avait priée de cesser de dire de telles stupidités. Elle ébaucha un sourire en se rappelant ces moments de jeunesse. Aujourd'hui, ce grand arrogant est dans mon salon en train de pleurer. Rose ne me croira jamais, pensa-t-elle, lorsque je lui raconterai la visite impromptue de mon ex-mari.

Thomas demanda à boire quelque chose de fort.

— J'ai gagné un gros procès, la semaine dernière, déclara Thomas.

« Je n'ai que du café, mentit Marianne.

— Tu ne me félicites pas, lui dit-il, étonné. »

Marianne le regarda en haussant les épaules : « Quel grand plaideur, ce Me Latour! », répétant ce qu'elle avait lu dans les journaux.

Il la suivit jusqu'à la cuisine. Il se moucha bruyamment et lui confia qu'il n'était pas prêt à recommencer une famille. Enfin! Voilà la vraie raison du désarroi de Maître Latour, se dit Marianne.

Elle lui rappela qu'il lui avait tenu le même discours lorsqu'elle lui avait annoncé qu'elle était enceinte. Il avait même émis l'hypothèse d'un arrêt de grossesse, Marianne avait simplement dit : « Avec ou sans toi, je garde mon enfant ». À contrecœur, Thomas avait accepté sa décision. Rose l'avait consolée en lui disant que cet enfant était au moins désiré par deux personnes, sa mère et sa marraine, en l'occurrence elle.

Pendant la grossesse de Marianne, Thomas préparait ses examens du barreau et ne s'intéressait pas vraiment à son état. Aux premières contractions, il l'avait conduite à l'hôpital, avait téléphoné à Rose pour qu'elle le remplace au chevet de Marianne pendant son accouchement. Il devait étudier, les examens du barreau se tenaient le lendemain et le surlendemain. Avant de partir, il avait embrassé Marianne et avait prié Rose de « bien s'occuper de notre nouvelle maman ». Rose l'avait regardé en silence devant Marianne en larmes.

    Au premier anniversaire de Colin, il lui avait offert une bague et lui avait demandé si elle voulait officialiser leur union au palais de justice. Marianne avait accepté. Ce fut un mariage intime et sobre, il n'y avait que Rose qui connaissait leur projet, elle s'était occupée de son filleul pendant la cérémonie. Les parents et amis furent informés trois jours plus tard. Sa mère l'avait boudée pendant deux mois.

    Marianne repensait à tout ça et constatait que Thomas n'avait guère changé. Il se devait d'être toujours le centre d'attraction, l'homme qu'on regarde, qu'on admire, qu'on applaudit et surtout qu'on ovationne. Il était assis à la table de la cuisine, les yeux pleins de larmes, il ne l'émouvait plus. Maître Thomas Latour, un des plus grands criminalistes du Québec ne gagnerait pas cette cause.

« Je regrette de t'avoir quittée, avoua-t-il.

— Aujourd'hui, je réalise que c'est la seule chose sensée que tu n'aies jamais faite pour moi, l'informa Marianne. »

Thomas la regarda avec incrédulité. Marianne lui avoua qu'ils étaient si mal assortis qu'elle se demandait comment ils avaient fait pour rester ensemble aussi longtemps.

« Je me sens vieux, dit Thomas en vidant sa tasse de café.

— C'est ta nouvelle femme qui est trop jeune, dit Marianne. »

Thomas s'offusqua de cette remarque et commença à s'apitoyer sur son avenir en avouant à Marianne qu'il regrettait de s'être remarié. Marianne coupa court aux récriminations de son ex-mari et l'invita à rentrer chez lui.

« J'en ai assez d'être la consolatrice des cœurs affligés, dit Marianne d'un ton sévère, et toi, je t'ai aimé beaucoup trop longtemps... et tu ne l'as pas toujours mérité. »

Elle appela un taxi et accompagna Thomas jusqu'à la porte. Le taxi tardait, Thomas essaya de l'embrasser, elle le repoussa. Un klaxon se fit entendre, Marianne chassa Thomas et referma derrière lui. À travers le judas, elle vit le taxi repartir.

Avec tout ça, je ne dormirai pas de la nuit, se dit-elle. Elle se prépara une tisane de verveine et, confortablement installée dans son lit, continua la lecture du James Joyce de Victor-Lévy Beaulieu. Elle ne lut pas longtemps. Elle déposa le livre et ses lunettes sur sa table de chevet, mit les écouteurs de son iPod, ferma les yeux et laissa errer son esprit.

Marianne avait rencontré Thomas au bistro où beaucoup d'étudiants se retrouvaient après les cours. Il l'avait regardée longtemps avant de l'aborder et lui avait dit que normalement, il ne s'intéressait qu'aux belles femmes blondes, mais, comme elle était brune, elle deviendrait son exception qui confirmait sa règle. Rose avait exhorté Marianne de ne pas tomber dans le piège de ce grand fanfaron imbu de lui-même. « Trop tard, Rose, je l'aime déjà ». Marianne se souvenait que Rose avait riposté qu'aimer un grossier personnage faisait perdre la tête. Elle n'avait pas vraiment perdu la tête, juste accumulé les chagrins.

Le lendemain, Thomas l'avait invitée au cinéma, elle ne se souvenait plus du film parce qu'ils s'étaient embrassés pendant toute la projection. Elle avait naïvement pensé qu'éprouver un amour semblable n'était que le présage d'une vie heureuse. Comment peut-on se tromper pendant si longtemps?

Marianne se souvenait de cette époque comme si c'était hier. La première fois qu'elle avait fait l'amour avec Thomas, c'était le premier jour de l'automne, il pleuvait. Elle le trouvait trop beau. Quand Marianne pénétra dans le minuscule trois-pièces, elle marchait sur des nuages. Elle ne vit pas la vaisselle dégoûtante dans l'évier et les draps sales dans le lit défait. Elle ne voyait que lui. « C'est tellement loin tout ça », dit-elle en reprenant son livre. Elle remit ses lunettes et poursuivit la lecture du grand roman de Victor-Lévy Beaulieu.

Chapitre 3

Rose

Rose avait dormi huit heures d'affilée. À son réveil, sa première pensée avait été pour Richard Harris. Elle avait aimé l'odeur de son corps, suave et enivrante. Il lui manquait déjà. Elle avait envie de lui. Elle s'étira longuement. Elle se leva et se réfugia dans la salle de bains. Sous la douche, elle entonna un air d'opéra. Son voisin cogna dans le mur. Rose éclata de rire, elle savait qu'elle ne chantait pas juste, Marianne le lui avait tant répété. « Je n'ai jamais entendu quelqu'un chanter aussi faux. Ferme-la! » Adrien lui avait offert un iPod pour son anniversaire, elle l'apportait partout.

Ces derniers temps, elle avait négligé d'utiliser son gant de crin. Elle se frotta avec toute la vigueur dont elle était capable. Au cas où, se dit-elle, en esquissant un sourire espiègle. Lui offrir une peau douce à caresser, à exciter. Elle se faisait belle. Pour lui. Elle savait qu'il l'attendait, elle frissonna. Elle l'imaginait à la terrasse du café regardant sans cesse dans la direction de son arrivée, se remémorant leurs ébats, se demandant si elle viendrait, l'espérant, la désirant.

Elle portait sa jolie robe noire en lin achetée en solde aux Galeries Lafayette l'année dernière. Elle mit ses boucles d'oreilles et son collier ornés de grenat rapportés de Prague. Elle s'admirait devant le grand miroir de sa chambre. Le faire attendre, l'inquiéter, l'impatienter, le tourmenter pour savourer son sourire après cette attente enfin récompensée. Il l'attendait, elle, Rose Dumais.

Tout d'un coup, elle fronça les sourcils. Si c'était le contraire qui se produisait? Rose ne respirait plus. S'il partait, croyant que pour elle, il n'avait été qu'une passade, qu'un caprice déjà oublié. Désillusionné, s'il ne pensait qu'à repartir en Irlande. Plus jamais elle n'entendrait parler de lui.

Rose, affolée, sortit de l'appartement, oublia de verrouiller la porte et courut jusqu'au café. Il faisait chaud, elle arriva en nages, la sueur dégoulinant sur son front. Il était là. Il l'aperçut. Il se leva précipitamment et vint à sa rencontre. Elle pensa qu'elle n'avait pas mis de rouge à lèvres. Il la prit dans ses bras et la serra si fort qu'elle se mit à pleurer.

« Je voudrais vous kidnapper, chuchota-t-il dans le creux de son oreille.

— Pour demander une rançon?

— Non, je veux vous garder, pas vous échanger. »

Rose voulait lui dire qu'elle l'aimait, elle n'en fit rien. « C'est bien moi, de toujours brûler les étapes », pensa-t-elle. Ils s'assirent et Richard commanda deux expressos. Ils se regardèrent silencieusement, intensément. Combien de secondes s'écoulèrent? Beaucoup trop. Ils se levèrent en même temps. Richard fouilla dans ses poches et en sortit un billet de dix euros qu'il déposa sur la petite table.

Il s'empara de la main de Rose et ils marchèrent jusqu'au Grand Hôtel de Suez. Ils n'attendirent pas l'ascenseur, montèrent à la hâte les deux étages. Haletant, Richard peinait à déverrouiller la porte de sa chambre. Une femme de chambre se proposa de l'aider en le voyant s'empêtrer dans ses clefs. Comme par enchantement, la porte s'ouvrit, ils entrèrent. Rose avait de la difficulté à reprendre son souffle, son cœur battait à tout rompre. Ils se déshabillèrent et se réfugièrent dans le grand lit. Ils s'embrassèrent longuement et firent l'amour fougueusement. Rose sut qu'elle ne pouvait plus vivre sans lui. Elle ne put s'empêcher de penser que c'était probablement la dernière passion de sa vie.

« Si j'osais, je vous demanderais de venir en Irlande avec moi, tenta-t-il.

Rose, renversée par cette déclaration lui répondit qu'elle se demandait ce qui se passait entre eux.

— Il faudra répondre à cette question dans les prochaines heures, je dois repartir bientôt.

— Déjà ?

— I love you, Rose, I love you, I love you.

Rose le regardait, bouleversée par cet aveu. Elle se rhabilla lentement sous le regard sensuel de Richard. Quand ils se quittèrent, ils n'en finissaient plus de se promettre de s'écrire et de se retrouver bientôt, après avoir échangé leurs adresses électroniques. Il lui dit de ne pas prendre à la légère les sentiments qu'il éprouvait pour elle.

Richard, sac de voyage sur l'épaule, héla un taxi sur le Boulevard Saint-Michel. Il n'eut que le temps de redire à Rose combien il l'aimait avant de monter dans la voiture qui démarra aussitôt. Rose n'envoya pas la main, Richard non plus. La survie de cette rencontre reposait entre les mains de Rose. C'était la plus grande décision de sa vie. Elle se dit qu'un amour semblable devait se vivre là, tout de suite, sans attendre. Elle marcha longtemps dans Paris, espérant qu'une autorisation officielle dûment signée par le président de la république en personne lui tomberait du ciel, l'incitant à partir en Irlande. Exténuée, elle arrêta le premier taxi qu'elle aperçut et rentra écrire à Marianne.

>Ladyrose : J'ai besoin de te parler.

Rose attendit une réponse. Elle s'était assoupie lorsqu'elle entendit le son caractéristique de l'appel de Marianne.

>Monalisa : Qu'y a-t-il?
>Ladyrose : Richard m'a dit : « I love you », à trois reprises.
>Monalisa : Il est sérieux??
>Ladyrose : J'ai du mal à le croire. Il veut que j'aille le retrouver en Irlande. Que ferais-tu à ma place?
>Monalisa : Est-ce que tu l'aimes?
>Ladyrose : Complètement.
>Monalisa : Ma meilleure amie est amoureuse et c'est merveilleux. Cours, Rose, cours en Irlande.
>Ladyrose : Tu ne m'aides pas du tout.
>Marianne : Je ne comprends pas.
>Ladyrose : Habituellement, la femme raisonnable que tu es me sort tous les arguments négatifs pour contrôler mon

enthousiasme. J'ai besoin que tu le fasses maintenant.
>Monalisa : Nous aurons 60 ans bientôt. Quand cela risque-t-il de se reproduire un événement pareil?
>Ladyrose : Jamais.
>Monalisa : Tu as ta réponse.
>Ladyrose : Et Adrien?
>Monalisa : Ça lui fera plus de temps à consacrer à sa jeune amante qui doit probablement se languir.
>Ladyrose : Je t'embrasse de toutes mes forces.
>Monalisa : Je n'en demande pas tant.

    Rose n'avait pas envie de réfléchir. Elle décida de ne rien dire à Adrien. Elle lui écrivit pour l'informer d'un voyage d'affaires à Dublin de quelques jours. À son retour, elle le mettrait devant le fait accompli s'il devait en être ainsi. Elle cacheta la lettre, écrivit Adrien sur l'enveloppe et entoura le nom de son mari d'une couronne de fleurs. Elle ne put résister à ce petit clin d'œil « noémien ».

    Au même moment, l'ordinateur lui envoya le signal d'un nouveau message. Marianne avait

trouvé des arguments pour l'empêcher de partir, pensa-t-elle. Pas tout de suite, Marianne, pas tout de suite. Elle faillit ne pas le lire pour ne pas gâcher son plaisir. C'était Richard Harris. Déjà, dit-elle, heureuse et soulagée.
>Richard : Triste de vous savoir trop loin.
>Rose : Je suis très proche.
>Richard : Quand puis-je vous espérer?
>Rose : Et si nous réfléchissions?
>Richard : Tout ce que je veux c'est vous avoir près de moi. Est-ce trop demander à l'homme qui vous aime?
>Rose : Vu de cette façon, je ne sais trop quoi répondre.
>Richard : Je vous attends.
>Rose : Je prends le prochain vol demain matin pour Dublin.
>Richard : Serai à l'aéroport. Faites vite.
>Rose : J'arrive.

Qu'est-ce que je suis en train de faire? Ne pas réfléchir, surtout ne pas réfléchir. Peut-être que je serai déjà revenue lorsqu'Adrien rentrera. Il lui demandera s'il lui avait manqué, elle lui répondra oui, il l'amènera dans leur chambre et lui fera l'amour. Les mêmes gestes rituels de retour imposés par ses longues absences.

Elle acheta un aller-retour Paris/Dublin sur Internet. Elle se dit qu'Adrien lui avait rarement manqué même quand il s'absentait de longues semaines. Richard Harris était reparti depuis une journée seulement et son corps vivait un manque jamais ressenti auparavant. Que se passe-t-il dans ma vie, dans mon cœur, dans mon corps? se demandait Rose au bord des larmes.

Cette nuit-là, elle dormit profondément. Lorsque le réveil sonna, elle se leva fraîche et dispose. Elle se prépara rapidement, appela un taxi et sortit dans la rue pour l'attendre. Elle monta dans le taxi. Direction Charles-De-Gaulle. Pourquoi la vie lui jouait-elle des tours dont elle avait tant de mal à se relever? Est-ce que je suis en train de me préparer le plus grand bonheur ou la plus grande peine du monde? Marianne avait toujours été de bon conseil. Pourquoi se tromperait-elle aujourd'hui? Si elle m'avait conseillé de ne pas partir, je serais partie quand même, et Marianne le savait.

« La vie est si courte », dit-elle au chauffeur en réglant la course. Étonné, il la regarda en hochant la tête et en répétant que la vie, en effet, était trop courte. Rose avait besoin de son approbation, elle lui laissa un généreux pourboire.

Assaillie par les doutes qui entouraient sa décision de partir retrouver son nouvel amour, Rose monta dans l'avion. Elle s'assit près du hublot, ferma les yeux et ne pensa qu'à Richard Harris. Elle somnolait lorsque l'appareil atterrit une heure vingt-cinq minutes plus tard à l'aéroport international de Dublin.

Chapitre 4

Marianne

Marianne était réveillée depuis longtemps. Elle souffrait d'insomnie depuis quelques mois. Elle attendait le lever du jour emmitouflée dans son édredon. Par la fenêtre ouverte se déployait une grisaille annonciatrice d'une averse. La brise de l'aube taquinait le rideau de tulle blanc. Le radioréveil indiquait trois heures quarante-huit.

D'habitude, Marianne se levait, faisait couler un bain parfumé aux huiles de lavande et s'y prélassait en lisant un roman. Elle adorait lire dans une baignoire chaude. Un lieu de réconfort, estimait-elle. Grâce aux effluves de lavande, le sommeil revenait lentement. Alors, elle sortait du bain, mettait sa robe de chambre, s'allongeait sur le lit et se laissait envahir par le sommeil pendant quelques heures. Mais cette nuit, l'insomnie refusait de capituler. Pas la moindre velléité de sommeil à l'horizon.

Avant que le jour ne s'affiche, Marianne, à bout, se leva. Elle se précipita sous la douche et maugréa tout au long de l'opération. Elle n'arrêtait pas de dire, « *une maudite nuit blanche, une autre maudite nuit blanche* », comme un leitmotiv qui s'immisçait dans son esprit à son insu. La fatigue qu'elle ressentait la dévastait complètement. Ce n'était pas des larmes qu'elle sentait venir, mais une colère nouvelle non apprivoisée. De la rage, presque. Elle observait dans le miroir les cernes sous ses yeux et ne désirait que se tapir dans un coin pour hurler tout son soûl.

Au même moment, une averse subite se fit entendre. Le pianotage de la pluie sur le verre de la table de jardin lui était insupportable. Elle voulait crier à la pluie de faire moins de bruit. Irritée, elle courut fermer la fenêtre de sa chambre, la pluie ayant déjà trempé le rideau et quelques vieilles revues qui traînaient sur le rebord de la fenêtre. Au bout de quelques minutes, l'averse s'arrêta.

Le jour se leva, tirant avec lui quelques vigoureux rayons de soleil, présage d'une chaude journée de mai. Marianne respira un bon coup et retourna dans sa chambre. Elle rouvrit la fenêtre et s'habilla d'une robe légère. Elle ne pensait qu'à fuir cette maison oppressante. Elle attrapa son sac à main, déposa un cardigan sur ses épaules et marcha jusqu'au Second Cup ouvert toute la nuit.

Attablée devant un café noir, elle examinait les quelques clients qui, comme elle, ne pouvaient trouver le sommeil. Épaules voûtées, air renfrogné, visages défaits, décoiffés, habillés à la hâte d'un jean et d'un t-shirt. Ils étaient tristes ces insomniaques qui se faisaient narguer par une fatigue perpétuelle.

Marianne repéra La Presse sur le comptoir et se plongea dans la lecture de ses chroniqueurs préférés. Son esprit vagabondait tant qu'elle ne pouvait suivre le fil de l'article qu'elle était en train de lire. Elle sortit du café et décida de marcher pour apaiser ses inquiétudes. Il était déjà six heures trente et des travailleurs, l'air hagard, marchaient sans entrain. Marianne les observait et remarqua leur manque d'enthousiasme. « Je suis comme eux aujourd'hui », se dit-elle.

  Elle s'arrêtait à peine devant les vitrines de l'avenue Mont-Royal. Une véritable âme en peine. Elle ne portait pas de chaussures de marche, ses pieds endoloris la faisaient souffrir, elle décida de rentrer. En passant devant la poissonnerie, elle remarqua une petite annonce collée sur la porte vitrée. Encre noire sur papier bleu clair. Une écriture irrégulière en lettres détachées identique à celle d'un ancien amoureux rencontré lors de son premier voyage à Paris.

  Elle avait dix-neuf ans, lui, quarante-six. Elle n'avait rien oublié de cette aventure qui avait atteint son apogée dans une chambre de l'hôtel Anvers dans le 9e arrondissement. Quel amant extraordinaire pour de premiers orgasmes, se remémorait-elle avec une certaine nostalgie. Leurs échanges épistolaires s'étaient interrompus brutalement au bout du sixième mois. Sa dernière lettre lui avait été retournée avec la mention « DÉCÉDÉ » écrite en lettres rouges. Ignorant tout de sa vie, elle n'avait jamais connu la raison de sa mort.

Rose l'avait surnommé « le vieil amant français de Marianne ». Marianne avait écrit des dizaines de poèmes pour soulager sa peine. Rose les lisait et pleurait avec elle, la consolant du mieux qu'elle pouvait.

Aujourd'hui, Marianne n'avait aucune envie de revivre ses dix-neuf ans, encore moins les angoisses et les incertitudes qui les lui rappelaient. Elle relut l'annonce : **Septuagénaire avec problème de vision recherche lectrice. Rémunération à discuter. Jeunes s'abstenir.** Suivi d'un numéro de téléphone. La manière d'écrire le 1 et le 7 trahissait son origine européenne. Elle fouilla dans son sac pour trouver un stylo et nota le numéro.

Elle s'empressa de revenir à la maison. Quand elle pénétra dans la cuisine, le soleil irradiait la pièce. Elle retira ses sandales et se massa les pieds. Elle s'étendit sur le divan du salon et sombra tout de suite dans le sommeil. Une heure plus tard, elle se réveilla un peu ragaillardie. Elle prit une pomme dans le panier de fruits et y mordit à belles dents. « Je suis heureuse, après tout. »

Occasionnellement, Marianne établissait des sortes de bilans de vie qui, soit la réconfortaient, soit la déprimaient. Elle disait qu'elle faisait le point pour débroussailler les coins obscurs de son âme. Rose lui avait demandé ce qu'elle entendait par cette étrange formule, Marianne n'avait pas répondu.

Elle se prépara un thé et s'installa dans un fauteuil. Elle réfléchissait tout en buvant à petites gorgées le thé trop chaud. Elle composa le numéro du septuagénaire de l'annonce. Après la cinquième sonnerie, elle faillit raccrocher.

« Victor Dubreuil à l'appareil, entendit-elle.

— Bonjour! Je m'appelle Marianne Leclerc. C'est au sujet de votre annonce.

— Ah bon ! J'en déduis donc que vous savez lire. »

Quelle curieuse entrée en matière ! Était-ce de l'humour, de la condescendance ou tout simplement de l'arrogance ? L'envie lui prit de raccrocher, mais le désir de poursuivre la conversation l'emporta parce qu'elle était intriguée par ce drôle de zigoto. Marianne lui demanda ce qu'il cherchait au juste. Victor Dubreuil l'informa qu'il préférait la rencontrer pour le lui expliquer. La rencontre aurait lieu le lendemain vers les dix heures au Café Van Houtte sur la rue Ontario Est.

Marianne se présenta à dix heures tapantes. Il y avait une dizaine de clients, quelques-uns lisaient un journal, d'autres discutaient ferme. Marianne s'avança au comptoir et commanda un café au lait. Elle repéra une table libre, alla s'asseoir et attendit.

Au moment où la jeune serveuse lui apportait son bol de café, la porte s'ouvrit, un homme entra. Marianne reconnut Victor Dubreuil même si elle ne l'avait jamais rencontré. Il ressemblait à sa voix. Elle ne savait comment l'expliquer, mais cette voix entendue au téléphone ne pouvait qu'appartenir à un homme comme lui. Grand, cheveux poivre et sel, yeux noirs, mâchoire carrée. Il s'avança vers elle.

« Vous êtes ponctuelle, ça me plaît.

— Victor Dubreuil, je présume?

— Marianne Leclerc, n'est-ce pas? dit-il en lui tendant la main. »

Il se débarrassa de son blouson et fit un signe à la serveuse.

« Vous aimez lire, Madame Leclerc? »

Marianne lui répondit qu'elle adorait lire depuis qu'elle était enfant.

— Et comme vous pouvez le constater, ça fait très longtemps, précisa-t-elle.

— Je ne constate rien, Madame, je ne regarde que la beauté. »

Son interlocuteur affichait un air taquin qui laissait Marianne perplexe.

« Voilà votre double expresso, Monsieur Dubreuil.

— Merci, Sophia, dit-il en lui souriant. »

Victor but une gorgée, reposa la tasse sur la soucoupe et ajouta deux sucres dans son café. Il dévisageait Marianne.

— Ah oui, l'annonce, dit-il, comme s'il revenait à lui.

Marianne lui dit qu'elle aimait faire la lecture même si ce n'était pas entièrement vrai. Elle ajouta qu'elle croyait correspondre à la lectrice qu'il recherchait.

— Vous comprendrez que je ne recherche pas quelqu'un qui va me lire une histoire pour m'endormir, avoua-t-il pince-sans-rire.

Marianne s'esclaffa en pensant aux histoires qu'elle lisait à ses enfants le soir.

— J'adore votre rire.

Marianne se demandait ce qu'elle faisait ici avec un hurluberlu pareil. Elle avait l'impression d'assister à un dialogue de sourds. Il n'écoutait pas un mot de ce qu'elle disait.

— Qui cherchez-vous au juste, Monsieur Dubreuil? demanda Marianne qui commençait à s'impatienter.

— Vous, madame, vous, répondit-il laconiquement.

— Pourquoi?

— Pour que vous me relisiez André Gide, Romain Gary, Saint-Exupéry, beaucoup d'autres..., répondit-il.

Victor continuait de chercher dans sa tête les noms d'écrivains qu'il aimait et, pour le moment, semblaient lui échapper.

— Proust peut-être? hasarda Marianne.

— « Longtemps je me suis couché de bonne heure », non merci, il m'ennuie avec ses madeleines.

— *À la recherche du temps perdu* est le plus grand roman de tous les temps, rétorqua Marianne, contrariée.

— Il ne tient qu'à vous de me le faire aimer.

« Je suis libre les mercredis et les vendredis à partir de seize heures », enchaîna Marianne qui n'était plus certaine de vouloir être la lectrice d'un homme affichant une telle suffisance.

— Et qu'en est-il les mardis et jeudis au début de l'après-midi, insistait-il.

Marianne lui expliqua qu'elle suivait des cours de viole de gambe et qu'elle ne pouvait bouleverser son horaire.

Victor sortit de son portefeuille sa carte et la présenta à Marianne. Il lui remit aussi un billet de cinquante dollars. Marianne écarquilla les yeux. Elle ne savait plus comment réagir. Il était si imprévisible.

« J'aurais pensé que vous me poseriez quelques questions sur mes lectures et que vous m'expliqueriez comment les rencontres se dérouleraient, lui dit Marianne qui sentait la colère la gagner, vous me lancez de l'argent alors que nous n'avons pas encore abordé cette question. Je n'aime pas vos manières, Monsieur Dubreuil, et je n'ai pas envie de me sentir humiliée de la sorte. Je vais donc vous laisser. »

Marianne se leva, Victor Dubreuil également.

« Je suis désolé, Madame, ne partez pas, enfin pas tout de suite. Très loin de moi, l'idée de vous humilier. Ma décision de travailler avec vous était déjà prise lors de notre conversation téléphonique. Votre voix me plaît. C'est important la voix pour une lectrice et ça n'a pas de prix. »

Marianne se rassit et commanda un autre café. Victor l'imita. Il lui expliqua pourquoi il recherchait une lectrice. À la suite de problèmes de vision, son médecin lui avait annoncé qu'il était diabétique. Lire le fatiguait. Se priver de lecture était plus grave que le diabète lui-même. Il avait décidé d'engager une dame pour lui faire la lecture. Il était loin de se douter que lire était tout un art.

Plusieurs femmes s'étaient manifestées, aucune ne possédait une voix vraiment agréable à entendre. Il n'écoutait pas ce qu'elles disaient, il écoutait leur registre, leur timbre, leur respiration. Voix chevrotante, faible, criarde, nasillarde, cassée, étouffée, aiguë, caverneuse : il était exaspéré et découragé.

« Jusqu'au jour où j'ai entendu votre voix, Madame Leclerc, j'avais enfin trouvé ma lectrice.

— Pourquoi pas un lecteur?

— Quelle curieuse question à poser à un homme de mon âge! »

Marianne sourit. Victor aborda la question de l'argent. Il lui demanda si vingt-cinq dollars l'heure lui convenait. Elle acquiesça. Il lui tendit le billet qui traînait sur la table, Marianne le glissa dans la poche de sa veste. Ils se levèrent et se donnèrent rendez-vous le lendemain, mercredi à 16 heures à l'appartement de Victor.

Ils sortirent du Café et se serrèrent la main. Marianne monta dans sa voiture et démarra aussitôt. Dans son rétroviseur, elle vit Victor Dubreuil lui envoyer la main.

Chapitre 5

Rose

En descendant de l'avion, Rose décida d'affronter sa nouvelle vie avec philosophie comme Marianne savait si bien le faire. Elle repéra sa valise et présenta au douanier son passeport canadien. Il l'estampilla et lui souhaita la bienvenue en Irlande. Elle cherchait la sortie lorsqu'elle entendit son nom. Le cœur de Rose se mit à battre la chamade, il était venu la chercher comme il le lui avait promis. Rose se retrouva devant lui. « Comme il est beau », pensa-t-elle. Richard la serra dans ses bras. « Je ne connais pas votre nom de famille », lui dit-il. « Dumais », répondit-elle. « Merci d'être venue, ma très chère, chère Rose Dumais ». Rose sourit.

Il s'empara de sa valise et lui avoua qu'il n'avait pas beaucoup de temps. « J'ai un après-midi très chargé, je me suis sauvé pour venir vous chercher ». Rose ne dit rien. Elle continuait de sourire pour lui montrer qu'elle était une femme compréhensive, mais au fond d'elle-même, elle rageait. Marianne avait tort, elle n'aurait pas dû venir.

Richard l'aida à monter dans sa vieille Land Rover et ils roulèrent jusqu'au centre-ville de Dublin. Il conduisait trop vite. La Land Rover s'arrêta devant un immeuble géorgien tout à fait charmant. « J'ai acheté cet appartement il y a plus de vingt ans. J'habite à une centaine de milles de Dublin, mais vous avez oublié que je travaille à l'hôpital Beaumont deux journées par semaine, pas vrai? » Rose n'avait rien oublié.

L'appartement au troisième étage faisait à peine 30 mètres carrés. Des murs beiges ennuyeux, mais un grand lit, une commode et un ensemble de salle à manger en merisier. Richard déposa la valise devant la commode. Il prit la main de Rose et l'amena dans le lit. Il l'embrassa amoureusement.

« Je dois vous abandonner, l'informa Richard en affichant un air triste, est-ce que vous me détestez?

— Le devrais-je? demanda Rose qui cachait avec peine son désappointement.

— Vous me retournez souvent les questions que je vous pose, constata-t-il.

— Vos questions sont difficiles, affirma Rose. »

La regardant droit dans les yeux, Richard lui demanda à nouveau si elle le détestait.

— Vous m'abandonnez, mais je ne vous déteste pas, fut la réponse de Rose.

— Je reviendrai après le travail en fin de soirée et nous passerons la nuit ensemble, vous le voulez bien?

Rose lui dit qu'elle était venue à Dublin pour être avec lui. Tout ce qu'il souhaitait, déclara-t-il, c'est qu'elle n'ait jamais à le regretter.

— Il n'en tient qu'à vous, dit Rose.

— Pas uniquement, ma très chère Rose, pas uniquement, affirma-t-il en lui baisant le poignet.

— À partir de maintenant, je crois que nous devrions nous tutoyer, qu'en penses-tu? demanda Rose.

— Très heureux que tu le mentionnes.

Il lui donna un baiser, lui remit une clé de l'appartement et sortit en l'exhortant à ne pas s'enfuir. Rose s'en voulait de se laisser manipuler de la sorte. Que faisait-elle à Dublin avec un inconnu qui prétendait l'aimer?

Rose rangea les quelques vêtements qu'elle avait apportés et se dit que deux jours, ce n'était pas si long. Elle ouvrit son IPAD qu'elle apportait toujours en voyage et écrivit à Marianne. Quelle ne fut pas sa surprise de lire un message de son amie qui l'attendait depuis presque vingt-quatre heures.

>Monalisa : Je sais que tu es à Dublin, mais j'avais besoin de te parler. J'ai répondu à une petite annonce lue dans la vitrine de ma poissonnerie. Je vais devenir LECTRICE. Je t'entends rire et ça m'énerve. Je rencontre

demain un monsieur septuagénaire qui possède une belle voix de baryton et qui cherche quelqu'un pour lui faire la lecture. Qu'en penses-tu? Bises

    Rose se dit que Marianne l'étonnerait toujours.

>Ladyrose : C'est toi qui dois avoir une belle voix, pas lui. Blague à part, qu'est-ce que tu as acheté comme poisson? J'ai une excellente recette de raie. Tu n'es pas censée être à la retraite??? Devenir lectrice, c'est une très bonne idée pour quelqu'un qui, comme toi, aime lire.

>Monalisa : Rien acheté, la poissonnerie était fermée. Envoie-moi ta recette. Comment ça se passe à Dublin?

>Ladyrose : Je l'ai à peine vu.

>Monalisa : Il t'a abandonnée?

>Ladyrose : Il travaille.

>Monalisa : Quel est le problème?

>Ladyrose : Il passera la nuit avec moi.

>Monalisa : Je répète. Quel est le problème?

>Ladyrose : Je croyais pouvoir passer toute la journée avec lui.

>Monalisa : T'aurais dû tomber en amour avec un chômeur.
>Ladyrose : Très comique!!! Je suis venue à Dublin pour lui et il me laisse seule.
>Monalisa : J'ignorais que Dublin était une ville aussi ennuyante...
> Ladyrose : T'as raison, je suis en train de faire un drame avec pas grand-chose. J'aurais pas dû te déranger.
>Monalisa : Je lisais.
>Ladyrose : Quoi?
>Monalisa : Le James Joyce de VLB. Pourquoi n'irais-tu pas au Musée des Écrivains? Au lieu de t'apitoyer sur ton sort qui est plutôt enviable.
>Ladyrose : Bonne idée! Merci et bises.
>Monalisa : Bonne visite et bonne nuit avec ton Jules. Bises.

  Rose se sentait mieux. Marianne la rassérénait. Elle décida de se rendre au Musée des écrivains. Sur O'Connell Street, elle héla un taxi. Direction Parnell Square. Elle se retrouva devant un ancien manoir géorgien de quatre étages en briques rouges. Sur d'étroites toiles noires disposées à distance égale entre les fenêtres étaient inscrits à la verticale les trois mots Dublin Writers Museum. Elle s'approcha de la grille ouvragée en fer forgé noir et or, admira l'arche qui couronnait le portail et franchit l'entrée principale. Elle paya son billet, refusa l'audio guide. Une odeur d'humidité et de lavande flottait dans l'air. Elle s'émerveilla de la luminosité et des magnifiques plâtres de la galerie du rez-de-chaussée. Elle circulait lentement dans les différentes pièces et se sentait interpellée par tout ce qui l'entourait. Elle découvrait des lettres, des objets personnels appartenant aux écrivains irlandais qu'elle aimait. Un exemplaire d'Ulysse dédicacé par l'auteur en 1930, le piano de Joyce, la première édition de Dracula, un manuscrit original de 1733 de Jonathan Swift; Marianne aurait adoré cet endroit. Elle se dirigea vers la boutique du musée pour acheter un portrait de James Joyce et de Samuel Becket pour sa grande amie et quitta le musée.

    Rose marcha une quinzaine de minutes vers O'Connell Street. Quelques vitrines retenaient son attention. Elle entra dans une pizzeria, un serveur l'amena sur la terrasse. Elle consulta le menu et commanda une pizza feta et olives noires et un verre de rouge.

À une table voisine, un jeune couple mangeait en silence en ne se quittant guère des yeux. Ils se parlaient à peine. Rose les observait furtivement. Elle assistait à la naissance d'un nouvel amour. Elle ne pensait qu'à la nuit qu'elle passerait avec Richard. Elle n'avait qu'envie de pleurer. Elle se demandait ce qu'elle était venue faire à Dublin.

Le serveur apporta la pizza, Rose n'avait plus faim. Elle réussit à avaler quelques bouchées. Elle but lentement son verre de vin et demanda l'addition. Elle déposa l'argent sur la table et sortit. Elle marcha d'un pas alerte jusqu'à l'appartement de Richard.

Aussitôt entrée, Rose verrouilla la porte. Elle lança ses chaussures, s'assit sur le divan et massa ses pieds fatigués. Elle décida de prendre une douche. Elle se maquilla légèrement et mit sa robe noire en lin. Elle eut soudain envie d'un thé. En ouvrant les armoires, Rose découvrit des tablettes remplies de conserves. Elle ouvrit le frigo et s'étonna de le trouver chargé de légumes et de fruits, de plats préparés recouverts de papier cellophane ou de papier d'aluminium, de bouteilles de vin blanc, de bière et d'eau Pellegrino.

Richard n'avait certes pas eu le temps de préparer tout ça. Qui s'était occupé de rendre cet appartement aussi accueillant? Un malaise s'empara de Rose. Elle ne comprenait rien. Elle but le thé Earl Grey en feuilletant les revues qui traînaient sur la table de la salle à manger.

Le téléphone sonna. Rose sursauta. Comme Richard ne lui avait pas dit qu'il lui téléphonerait, elle jugea plus prudent de ne pas répondre. Comment se sentir à l'aise, croyait-elle, dans un appartement dont elle n'était pas la seule à posséder la clé? Elle avait l'impression d'être une intruse et ne pensait qu'à retourner à Paris.

L'imagination débordante de Rose lui jouait parfois de vilains tours. Si ce Richard Harris n'était qu'un sombre manipulateur ou un fieffé menteur et elle, une pauvre vieille stupide tombée dans le plus classique des pièges au nom d'un soi-disant amour. « Je suis la reine des sottes », conclut-elle. Il était vingt-trois heures trente. S'il n'arrivait pas dans la prochaine heure, Rose s'en irait à l'hôtel au coin de la rue.

Elle prépara sa valise et s'assit sur le sofa. Elle attendit que les soixante minutes de la prochaine heure s'égrènent rapidement. À minuit treize minutes exactement, une clé se fit entendre dans la serrure, le cœur de Rose cessa de battre. Richard Harris entra, essoufflé, fatigué, mais souriant.

« Thanks God, you're still there, lança-t-il. Richard aperçut la valise dans le salon. Il regarda Rose d'un air interrogateur.

— J'allais partir, l'informa-t-elle.

Il lui demanda pourquoi elle n'avait pas répondu au téléphone. Il était inquiet, il se demandait où elle était.

— C'était toi?

— Qui pensais-tu que c'était?

— Désolée.

— Je n'appelle jamais ici.

— Jamais?

— Il n'y a jamais personne qui m'attend ici, je ne connais même pas mon numéro par cœur.

— Comment aurais-je pu savoir que tu étais inquiet pour moi? s'enquit Rose quelque peu fautive.

— Mais en répondant, for crying out loud, déclara Richard en haussant le ton.

— Tu es fâché?

— Oui, tu ne me fais pas confiance.

— Tu as raison, dit Rose, ce que nous vivons est si inhabituel.

Richard vint s'asseoir à côté d'elle et l'entoura de ses bras.

— Je te pardonne, lui dit-il, demain, nous pourrons faire la grasse matinée, j'ai tout arrangé.

— Tu es libre jusqu'à quelle heure? demanda Rose dont le sourire commençait à rosir son visage.

— Neuf heures.

— Pour toi, c'est la grasse matinée?

— Habituellement, je quitte la maison à six heures trente.

Richard n'avait presque rien mangé de la journée, il avait faim, mais demanda à Rose de l'accompagner dans le lit. Très vite, il se réfugia sur la poitrine de Rose. Quelques secondes plus tard, elle l'entendit ronfler, elle ne put s'empêcher de rire.

Un souvenir lui revint. Fillette, six ans à peine, elle voulait que son père dorme avec elle : « Dis oui, papa, dis oui. » « Ce n'est pas possible », lui disait-il. « Pourquoi, pourquoi ? » insistait-elle. Son père avait fini par accepter. Il lui avait mis un pyjama boutonné jusqu'au cou, lui avait lu une histoire, l'avait bordée et avait éteint la lampe de chevet. Après, il s'était étendu sur la couverture et, feignant le sommeil, s'était mis à ronfler si fort que Rose, apeurée par ces bruits bizarres au fond de la nuit, avait poussé son père pour qu'il se réveille au plus vite. « Réveille-toi, papa, j'ai peur, tous ces bruits bizarres que j'entends, j'ai peur. » Son père avait fait semblant de se réveiller et lui avait dit : « N'aie pas peur. Je ronfle tellement fort que je fais peur à ma petite Rose que j'aime de tout mon cœur. Tu comprends maintenant pourquoi je ne peux pas dormir avec toi. »

Son père ne lui interdisait jamais rien. Il préférait expliquer pour que Rose s'interdise elle-même de faire ou demander telle ou telle chose. Elle ne bougeait pas pour ne pas réveiller Richard. Il y avait longtemps qu'elle n'avait vécu une nuit d'amour aussi belle. « Mon doux, mon tendre, mon merveilleux amour, de l'aube claire jusqu'à la fin du jour... », chantonna-t-elle jusqu'à ce que le sommeil l'invite dans son giron.

CHAPITRE 6

MARIANNE

Marianne pénétra dans l'immeuble de Victor Dubreuil. Il n'était pas encore seize heures. Elle transportait sa viole de gambe. Elle aurait dû la déposer dans le coffre de sa voiture, elle voulait impressionner Victor Dubreuil, susciter son admiration. Rose se serait moquée d'elle, l'aurait traitée de snob et d'infantile. Marianne se dit qu'elle aurait eu raison.

S'il lui demandait de jouer un morceau de viole, qu'est-ce qu'elle ferait? Quelle raison inventerait-elle pour se soustraire à cette requête? Elle ne connaissait aucun morceau par cœur, son répertoire pour le moment se limitait à des petits airs populaires et faciles de la Renaissance.

Son professeur, Monsieur Lewis lui avait déjà demandé pourquoi elle voulait apprendre à jouer de cet instrument. Elle lui avait répondu que son fils lui avait offert le DVD et le CD du film *Tous les matins du monde* d'Alain Corneau et que la musique de Marin Marais et de Sainte-Colombe jouée par Jordi Savall l'avait complètement envoûtée. Elle avait décidé d'apprendre à jouer de la viole de gambe avant de mourir. Monsieur Lewis avait souligné qu'elle était trop jeune pour mourir. Marianne avait rougi.

Elle repéra le numéro 808 sur le tableau d'accueil et sonna. La porte du vestibule s'ouvrit. Elle appela l'ascenseur en enfonçant le bouton à plusieurs reprises pour évacuer sa frustration. Elle pensa retourner l'instrument dans sa voiture, au même moment, les portes de l'ascenseur s'ouvrirent. Quelques minutes plus tard, elle cognait à l'appartement de Victor Dubreuil. Il parut surpris de la voir avec cet étui encombrant. Marianne lui expliqua que son cours avait été exceptionnellement déplacé et que le coffre de sa voiture était trop petit pour sa viole de gambe. Il rangea l'instrument dans le placard d'entrée et referma la porte coulissante.

Il la débarrassa de sa veste et la conduisit dans la bibliothèque. Une grande pièce agrémentée d'une fenêtre dont le rebord accueillait deux pots de géraniums rouges. Il lui indiqua un fauteuil et Marianne alla s'asseoir. Du plancher au plafond, les étagères débordaient de livres sur les quatre murs. Les avait-il tous lus? Elle n'osa poser la question. Il avait préparé du thé et lui en offrit une tasse. Avait-il déjà choisi un livre? Il lui montra La Symphonie Pastorale d'André Gide. Marianne s'en étonna, mais il lui expliqua que c'était pour revoir dans sa tête la belle Michèle Morgan, qui l'avait tant fait fantasmer quand il était jeune homme. Marianne persistait à croire que Victor Dubreuil était un drôle de zigoto.

Elle but une gorgée de thé et commença la lecture. « *La neige qui n'a pas cessé de tomber depuis trois jours, bloque les routes.* » Marianne n'avait aucune envie de lire ce roman. Elle leva les yeux sur son auditeur et lui conseilla gentiment de louer le film de Jean Delannoy afin de mieux servir son fantasme et, surtout, d'admirer la performance de Michèle Morgan qui avait remporté à l'époque le Prix d'interprétation féminine au Festival de Cannes.

Marianne lui dit qu'elle ne voulait surtout pas critiquer ses choix de lecture, mais... — ... *c'est exactement ce que vous êtes en train de faire*, la coupa-t-il sèchement. Agacée, elle se leva et s'avança vers les rayons bondés. Elle se tourna vers lui. « *Je peux?* » demanda-t-elle, soucieuse de trouver un roman plus stimulant. À contrecœur, il acquiesça. Marianne arrêta son choix sur un livre de D.H. Lawrence, *L'amant de Lady Chatterley*. Elle avait tant aimé ce roman qu'elle l'avait relu plusieurs fois et ne s'en était jamais rassasiée. Elle l'extirpa de l'étagère et le montra à Victor Dubreuil. Dans un grand soupir, il fit oui de la tête en haussant les épaules.

Elle s'installa dans le fauteuil, remit ses lunettes et commença la lecture. La belle voix de Marianne vint à bout des doléances de Victor Dubreuil. Il s'abandonna, réalisant qu'il n'aurait jamais le dernier mot avec elle. Il l'écouta sans la quitter des yeux.

Victor était seul depuis si longtemps, quatorze ou quinze ans. Il ne se souvenait plus exactement de l'année de la mort de sa femme, Irina. Elle avait lutté pendant trois longues années contre un cancer du sein. « Je n'en peux plus », furent ses derniers mots. Quelques minutes plus tard, ses yeux bleus étincelants vidés de leur lumière se fermèrent pour toujours. Sa femme était morte d'épuisement à six heures trente-huit minutes un dimanche matin d'automne. Victor n'avait versé aucune larme pendant les funérailles. Il l'avait promis à Irina. « *Nous avons vécu une belle histoire d'amour et ça se termine maintenant, ne la prolonge pas avec des larmes. Nous avons pleuré pendant trois années, ça suffit.* » Il avait tenu parole.

Il était dépassé dix-huit heures lorsque Marianne termina la lecture du huitième chapitre. « J'avais oublié que D.H. Lawrence était un grand romancier », lui dit-il. Marianne l'approuva. Elle marqua la page avec le signet qu'il lui tendait.

Victor lui demanda si elle acceptait de partager son repas. Elle lui demanda si c'était une invitation en bonne et due forme. « Ce n'est pas un rendez-vous officiel, rétorqua-t-il, étonné de sa question, mais c'est, comme vous dites, une invitation en bonne et due forme. » Il énuméra les plats au menu et lui dit que si elle aimait la goulache, elle devrait accepter. Marianne lui avoua qu'il y avait si longtemps qu'elle en avait mangé qu'elle ne se souvenait plus si elle avait aimé ce plat. Un peu piqué, Victor répliqua que si elle avait goûté à sa goulache à lui, elle n'aurait jamais oublié ce goût exquis. Marianne échappa un rire.

— Vous cuisinez? demanda-t-elle aussitôt.

— Uniquement la goulache, précisa-t-il.

« C'est la recette de ma femme », crut-il bon d'ajouter mi-figue, mi-raisin.

— Alors, j'accepte, dit-elle en souriant.

Victor l'invita à le suivre dans le salon. Il ouvrit la bouteille de Bourgogne qui patientait sur le guéridon. Il sortit d'une armoire vitrée deux coupes en verre fin décoré d'une guirlande de fleurs dorée. Marianne reconnut le cristal de Baccarat. Victor les remplit à moitié et en présenta une à Marianne. Il porta un toast à sa charmante lectrice. Ils discutèrent du choix des prochains livres et tombèrent d'accord pour alterner entre un roman québécois et un roman d'ailleurs.

Victor prit la bouteille de vin et lui demanda de l'accompagner jusqu'à la salle à manger. Il faisait sombre, il alluma la chandelle dans le bougeoir en céramique au centre de la table. Il y avait deux couverts sur une nappe brodée, il était donc certain qu'elle accepterait son invitation. Elle en fut amusée. Victor tira une chaise, Marianne s'assit. Elle fut éblouie tout de suite par la vaisselle en porcelaine de Limoges. Elle pensa que Victor avait voulu l'impressionner. Ce dernier apporta un plat de service d'où se dégageaient des arômes prometteurs. Il servit copieusement son invitée. La goulache était délicieuse. Marianne se régala même si elle ne réussit pas à terminer son assiette. Elle lui raconta qu'elle avait découvert ce plat dans un restaurant hongrois à Ottawa. Elle avait oublié ce goût fort de paprika. Il lui demanda s'il en avait trop mis. Marianne le rassura, elle aimait cette épice, mentit-elle.

Victor était heureux, la présence de cette femme le comblait. Marianne se sentait bien dans cette pièce chaude sans fenêtre avec une affiche de Bucarest où on pouvait voir l'arbre de Noël artificiel le plus grand d'Europe.

— C'est Bucarest, ma ville natale, dit Victor devant le regard intrigué de Marianne.

« Vous êtes Roumain », dit Marianne. Victor hocha la tête. Il lui raconta son enfance à Bucarest au début de la Deuxième Guerre mondiale.

« Comme tous les enfants, je ne comprenais pas la guerre, commença-t-il. Nous jouions à nous tuer avec des fusils de bois dans

la ruelle devant nos mères qui pleuraient. Je n'aime pas parler de cette époque, il y a des jours où j'arrive à l'oublier complètement. Lorsque je suis allé en France pour étudier, mon vrai nom Dubravescu est devenu Dubreuil. »
 Marianne l'écoutait attentivement sans faire de commentaires.

— Mon pays a combattu au côté d'Hitler au début de la guerre, expliqua Victor, l'Allemagne avait besoin de notre pétrole, ensuite, changement total de camp, la Roumanie s'est rangée aux côtés de l'URSS. Lorsque les troupes soviétiques sont entrées chez nous en 1944, on ne s'est pas méfié, on ne s'attendait pas à ce qu'un grand nombre de soldats roumains soient déportés vers la Sibérie, dont mon père que je n'ai jamais revu. Je venais d'avoir huit ans et pour moi, la guerre débutait vraiment.

— Juste le mot Sibérie me donne froid dans le dos, dit Marianne le plus sérieusement du monde.

 « Mon père était musicien, reprit-il, c'était magnifique de l'entendre jouer du violon. Ma mère, ma petite sœur et moi, nous nous assoyions dans le salon et nous écoutions cette musique qui nous traversait le corps. »

Il fit une pause, le regard ailleurs.

« Ma mère souriait et des larmes coulaient sur ses joues. Tina et moi la regardions, elle nous jurait qu'elle ne pleurait pas. Elle nous expliquait que la musique de papa avait le don de l'émouvoir jusqu'aux larmes. Quand je repense à tout ça, je me dis que nous vivions des moments de grâce ».

Il fit une pause, scrutant son interlocutrice.

Marianne, émue, répéta « moments de grâce », comme pour elle-même.

— Mon père me donnait des cours de violon, poursuivit-il, il disait que j'avais du talent. Moi, j'aurais préféré aller retrouver les copains qui m'attendaient et qui m'appelaient par la fenêtre ouverte. Mon père disait à mes amis que j'étais occupé à préparer mon avenir. Moi, comme un pauvre con, je détestais mon père dans ces moments-là.

Victor vida sa coupe de vin et la remplit aussitôt.

— Les enfants ne vivent que dans l'instant présent, dit Marianne.

— Aujourd'hui, c'est moi que je déteste. J'ai toujours associé les guerres à l'attente, affirma-t-il, j'ai tellement attendu le retour de mon père que je crois que c'est pour ça que j'ai fait des études en Sciences Politiques et en droit international, je voulais comprendre. Finalement, tout ce que j'ai réussi à comprendre, c'est que mon père est mort de misère, de faim, de froid, d'ennui et d'absence de musique dans une Sibérie diaboliquement infecte.

Victor posa un regard attentif sur son invitée, il attendait une réaction qui fut longue à venir.

— Je suis bouleversée, réussit à dire Marianne, jamais de répit, il y a toujours une guerre quelque part et des gens qui souffrent.

« Je vous ennuie, c'est certain, déclara Victor, j'ai tendance à être intarissable parfois ».

Marianne lui confirma son intérêt. « Où avez-vous étudié ? »

— À la Sorbonne, répondit Victor. Après mes études, j'ai travaillé à l'ambassade de la Roumanie à Paris. J'ai rencontré Irina, nous nous sommes mariés, avons eu trois enfants, nous avons été heureux, je crois, et Irina est morte. J'étais seul. Mes deux fils habitent aux États-Unis, ils ont épousé des Américaines et leurs enfants ne parlent pas le roumain. Je dois parler en anglais à mes petits-enfants, vous vous rendez compte. Ma fille Hannah vit avec un Canadien, elle m'a demandé de venir vivre à Montréal. J'ai accepté à la condition d'avoir mon propre appartement. Je suis officiellement Canadien depuis 10 ans. Voilà! Vous connaissez tout de ma vie.

— Racontée comme ça, votre vie me semble pleine de raccourcis...

— Racontée n'importe comment, la vie n'est rien d'autre qu'une accumulation de petits événements, trancha-t-il, surpris de la direction que prenait leur conversation.

Victor regarda Marianne et tenta un sourire complice. Il apporta la tarte aux fruits qu'il avait achetée à la pâtisserie le matin même.

Il versa le café et demanda avec un engouement qui sonnait faux : « Racontez-moi votre vie trépidante, maintenant ».

Marianne ne put s'empêcher de rire en entendant le mot « trépidante ». Elle lui déclara qu'elle était divorcée depuis longtemps et qu'elle avait deux enfants qui n'avaient plus besoin de leur mère.

— C'est ce que nos enfants croient, mais au moindre problème, remarqua Victor, ils viennent pleurer sur notre épaule.

— Je me sens encore très concernée par eux, mais j'ai l'impression d'être exclue de leur vie, précisa Marianne, ils habitent si loin. Je crois qu'ils sont heureux.

— C'est ce qu'on attend d'eux, mais on voudrait être indispensables, dit Victor.

— Être indispensables, c'est ça, on voudrait encore aller les reconduire à la maternelle, avoua candidement Marianne.

Sa fille Justine vivait au Japon depuis trois ans, elle enseignait la langue française dans une école publique. Aujourd'hui, elle parlait le japonais couramment, elle était même amoureuse d'un Japonais. Elle avait fait elle-même les démarches pour offrir ses services d'enseignante de français dans le cadre du Programme d'échanges et d'enseignement au Japon. Quand on lui avait proposé de donner des cours de français à de jeunes enfants, elle avait accepté sans même en parler à sa mère. « J'ai été mise devant le fait accompli, confia-t-elle, mon rôle de mère venait de changer. »

Sa fille lui envoyait deux ou trois courriels par semaine. Elle lui racontait comment ses jeunes élèves étaient disciplinés, adorables et comment les parents étaient fiers d'eux. Elle travaillait fort, les journées semblaient interminables. Elle se disait satisfaite, elle se considérait comme une déracinée volontaire.

Quant à son fils Colin, elle ne comprenait pas ce qu'il voulait faire de sa vie depuis qu'il avait abandonné ses études de droit à l'Université de Montréal. Il s'était envolé vers

Whistler dans les Rocheuses pour faire du ski. Il avait dit à sa mère avant de partir de ne pas l'attendre, il émigrait dans l'Ouest. Marianne n'avait pas apprécié son humour. Même son père avait essayé de le dissuader, sans succès. Il était laconique dans ses messages. « Je vais bien » ou « ne t'inquiète pas » ou « tout baigne ». Lorsqu'elle lui en faisait le reproche, il lui rappelait qu'il était heureux dans sa nouvelle vie. Il travaillait dans un restaurant le matin. L'après-midi, il faisait du ski dans les montagnes, la passion de sa vie.

— J'ai perdu mes illusions, vous savez.

— Moi non plus je ne me berce plus d'illusions depuis très longtemps, insista Victor, c'est un des avantages de vieillir, pas vrai?

— Vous voyez des avantages à vieillir, vous? demanda Marianne.

— Il faut en trouver, sinon, c'est moche.

Marianne termina son café. « Je dois partir, il se fait tard », dit-elle en sortant de table. Elle remercia son hôte pour ce charmant repas. Il l'aida à transporter sa viole de gambe jusqu'à sa voiture. Il déposa l'instrument dans le coffre et s'empressa de rejoindre Marianne. « Merci pour cette soirée inoubliable, chère lectrice », lui dit-il en lui baisant le poignet. Elle lui abandonna un sourire. Victor l'aida à s'asseoir et referma la portière. Marianne démarra. Avant de tourner sur la rue St-Laurent, elle regarda dans le rétroviseur et vit Victor Dubreuil, sous le lampadaire, les bras ballants, perdu sur le trottoir. On aurait dit un gamin de huit ans qui attend que son père revienne.

    Quand elle se coucha, elle repensa à son vieil amant français qui aurait quatre-vingt-huit ans aujourd'hui et se demanda si Victor Dubreuil était un bon amant. Elle s'endormit presque tout de suite et, exceptionnellement, cette nuit-là, elle ne souffrit pas d'insomnie.

CHAPITRE 7

ROSE

Rose était rentrée à Paris depuis hier. Richard l'avait convaincue de venir s'installer à Dublin. Avant qu'elle ne monte dans l'avion, il lui avait chuchoté qu'il ne pouvait imaginer le reste de sa vie sans elle. Rose le trouvait irrésistible. « Ne m'abandonne pas, Rose, I love you », ajouta-t-il. Il n'eut pas besoin d'insister longtemps, Rose était amoureuse, elle ne voulait passer à côté d'un rêve aussi formidable. Il avait neuf ans de moins qu'elle, que pouvait-elle y faire, se demandait-elle confortablement assise près du hublot dans l'avion qui la ramenait en France.

 Elle n'avait pas beaucoup dormi pendant ces trois jours et en se maquillant ce matin, elle avait vu les rides autour de ses yeux se moquer d'elle. Elle n'avait pas hésité à le mentionner à Richard pour qu'il réalise tout de suite qu'elle n'était plus dans la fleur de l'âge. « Il y en aura d'autres, hélas, il y en aura d'autres, puisque nous vieillirons ensemble », lui avait-il dit en se rasant sans montrer le moindre soupçon de contrariété. Elle s'était demandé si ça existait vraiment des hommes pareils. Adrien lui disait souvent qu'elle était belle, mais cela ne l'avait pas empêché de s'amouracher d'une très jeune femme. La beauté n'était pas l'unique panacée, il faut croire.

 Rose avait déjà eu un amant plus jeune, beaucoup plus jeune, il y avait quelques années. Marianne n'avait jamais rien su. Leur profonde amitié n'aurait jamais survécu à cette délicieuse liaison de quelques jours.

Quand elle avait reçu le courriel de Colin, se rappelait-elle, elle débordait de joie. Son filleul viendrait célébrer ses dix-huit ans à Paris avec sa marraine. C'est ce qu'il avait demandé à sa mère comme cadeau d'anniversaire. Marianne et Rose avaient été enchantées. Colin lui écrivait qu'il serait là après ses examens au Cégep juste avant de commencer son travail d'été comme sauveteur à la piscine publique du parc Lafontaine. Comme il ne voulait pas perdre cet emploi, il avait été dans l'obligation de devancer la date de son anniversaire. L'humour de Colin fascinait sa mère et sa marraine.

Rose avait répondu tout de suite. Adrien était parti cinq semaines au Maroc, ça ne pouvait mieux tomber, elle ne s'occuperait que de lui. Il y avait les expositions, les musées, les festivals, les concerts, les cinémas, les promenades, les restaurants, les cafés, le magasinage; tout ça uniquement pour lui plaire.

Ce fut une semaine de chaleur intense. Ils ne visitèrent que la Tour Eiffel et le Louvre. Ils n'allèrent que trois fois au restaurant. Colin commandait de la pizza ou Rose préparait des pâtes.

Lorsqu'elle le retrouva à l'aéroport Charles-de-Gaule, Rose le reconnut à peine. Il était grand, mince et beau comme ce n'est pas possible. « Rose, tu n'as pas changé », lui avait-il dit en la voyant et en la serrant dans ses bras. Colin s'était dit qu'elle avait toujours ce charme ensorceleur qui la caractérisait. Sa chevelure en bataille, ses yeux verts charbonneux, son jean serré, sa chemise froissée, ses éternelles chaussures plates pour « faire oublier tes cinq pieds neuf pouces » la taquinait Marianne; Rose rayonnait. « Toi, tu as vraiment changé ».

Colin ressemblait à sa mère. Marianne lui envoyait des photos parfois, mais Rose réalisait qu'il n'y avait aucune photo qui mettait en valeur toute la beauté et le charisme de ce jeune homme. Les filles le regardaient intensément et Rose était fière de marcher à côté de lui. Colin la prenait par les épaules et ce geste filial l'émouvait grandement.

Quand ils montèrent dans un taxi, Colin lui avoua tout en réactivant son cellulaire et en vérifiant ses messages qu'il était très heureux d'être à Paris avec elle. Pour signifier son contentement, Rose lui pinça une joue. Ils rirent de bon cœur. Elle lui fit part du programme d'activités qu'elle avait concocté pour rendre son séjour inoubliable. Il était venu à Paris parce que Rose vivait à Paris. Il serait venu la voir même si elle avait habité un bled perdu au fin fond de l'Afrique ou un igloo dans le Grand Nord du Québec.

Colin n'avait apporté qu'un simple sac à dos dans lequel se retrouvaient son IPad, six caleçons, six T-shirts, un jean, des espadrilles et une trousse de toilette. Quand il sortit une boîte de whippet de son sac et la lui présenta, les yeux de Rose s'illuminèrent. « Je t'adore », dit-elle en ouvrant la boîte. Elle prit un biscuit et ferma les yeux. Rose avait huit ans et dégustait en une seule bouchée tous ses souvenirs d'enfance enrobés de chocolat et de mousse à la guimauve.

Elle regardait par le hublot les nuages blancs cotonneux et se disait qu'elle aurait dû refuser la folle demande de ce jeune homme si beau. Quand l'avion atterrit, elle pensa que la demande de Richard était aussi folle que celle de Colin.

L'appartement était sombre et sentait le renfermé. Rose ouvrit les fenêtres. Adrien n'était pas encore revenu. Il avait été retardé, écrivait-il dans un courriel. Rose soupçonnait la raison de son retard, mais ne s'en formalisa pas. Elle déchira la lettre qu'elle lui avait écrite avant son départ pour Dublin. Quand il reviendra, il sera toujours temps de lui parler de Richard Harris.

Le lendemain, Adrien rentra du Maroc. Il était souriant et de bonne humeur. Rose avait préparé un saumon au pesto pour le souper. Il n'avait pas faim, mais se régala de ce plat délicieux. Ils discutaient de tout et de rien comme des personnes retardant les affrontements. Profitant d'un silence, Rose avertit Adrien qu'elle partait vivre à Dublin. Installé sur le divan, les sourcils froncés pleins d'incrédulité, il dégustait le verre de cognac que Rose venait de lui servir. Il lui demanda sans trop savoir pourquoi si elle connaissait cette ville. Rose admit que Dublin ne l'avait guère attirée, mais qu'aujourd'hui, tout était différent.

— Pourquoi ?

— Parce que l'homme qui m'aime m'a demandé de venir vivre avec lui, répondit Rose en ne le quittant pas des yeux.

— J'apprends aujourd'hui qu'il y a un homme qui t'aime à Dublin, lança Adrien d'un ton acerbe.

Elle avait envie de lui dire qu'une averse pouvait chambouler toute une vie. Qu'il fallait toujours se méfier de la pluie et surtout, des parapluies. Elle se tut parce que l'humour n'avait pas sa place ici, tant l'atmosphère était surchargée.

« Je le connais depuis cinq jours, l'informa-t-elle. »

— Tu m'abandonnes pour une aventure de vacances, une simple peccadille de bonne femme qui s'ennuie, déclara-t-il en forçant son rire.

— Tu n'as rien compris si tu crois que je te quitte pour une raison aussi saugrenue, corrigea Rose.

— Et nous deux dans tout ça ?

— Nous deux...quoi nous deux, répéta Rose, nous ne serons plus un couple lorsque je quitterai Paris.

— Je ne te savais pas aussi cruelle, déclara-t-il.

— Cruelle?...Dis par toi, c'est assez étonnant.

Adrien se leva, se versa une autre rasade de cognac. L'envie de finir la bouteille au goulot lui passa par la tête, mais il tenait à ne pas être trop saoul pour ne rien manquer des explications de sa femme. Il contemplait Rose qu'il aimait toujours et se disait qu'elle rayait du revers de la main quinze années de vie commune avec une telle facilité qu'il en était complètement chaviré. Il lui demanda si elle voulait divorcer. Surprise de la question, Rose répondit par la négative, mais lui certifia qu'elle ne s'y opposerait pas s'il voulait se marier avec Noémie.

« Tu connais Noémie? »

Le hasard avait mal fait les choses, lui expliqua Rose, il avait mis dans ses mains une lettre. C'était une belle lettre abandonnée dans une poche de veston qu'elle avait apporté chez le nettoyeur.

— Noémie,... un simple égarement sans conséquence, tentait-il de débrouiller.

— C'est ignoble ce que tu dis, lui reprocha-t-elle.

— Je t'aime, j'espère que tu n'en as jamais douté, tu sais que je t'aimerai toujours, lui livra-t-il avec une certaine candeur.

Rose l'écoutait en se disant que son dernier mari n'avait jamais su parler d'amour. Les mêmes clichés sans cesse répétés. Elle cacha un bâillement dans sa main et attendit la fin de ces déclarations qui lui apparaissaient si ennuyeuses.

— Il ne faut pas que tu oublies Noémie qui t'aime, dit Rose qui tentait de le faire taire.

Adrien était persuadé que Rose voulait se venger et surtout le punir. Il continuait de la rassurer avec une mer de mots d'amour croyant qu'elle abandonnerait son désir de partir pour Dublin. Il était debout et faisait les cent pas. Rose lui demanda de se rasseoir parce qu'il l'étourdissait.

— Noémie est jeune, elle s'en remettra, conclut-il.

— Ce n'est pas une raison pour l'accabler, dit Rose, tu as tort de croire que la jeunesse est un remède infaillible.

— Je ne lui ai rien promis, trancha-t-il.

— Les femmes amoureuses ont toujours des attentes.

— C'est ton cas avec ton Irlandais?

— Pas vraiment! À mon âge, il y a une forme d'urgence à vivre un coup de foudre qui se présente.

— Madame vit un coup de foudre, se moquait-il avec un rire mauvais, alors, au diable la raison. Comment tu vois la suite des choses pour nous?

— La suite des choses?..., demanda Rose en fronçant les sourcils.

— Qu'est-ce que tu veux faire? demanda Adrien en haussant le ton.

« Dans les jours qui viennent, expliqua Rose en essayant de ne pas perdre patience, je vais faire mes bagages et régler certains papiers. Ensuite, je pars pour Dublin. Voilà! »

Ce qu'elle avait vraiment envie de lui dire, c'était que Richard Harris, son Irlandais, l'attendait et que c'était tout ce qui comptait pour le moment.

— Il ne faut pas me dire tout ça. Comme ça.

Avec tant de détachement, c'est horrible, dit Adrien avec une voix que Rose qualifia de tremblotante.

Il se leva et sortit de l'appartement. De la fenêtre, Rose le regarda marcher si vite qu'il lui semblait courir. Elle savait que la colère l'étouffait. Il n'y avait que sa peine qui comptait. Elle l'imaginait au bistro du coin s'enfiler les verres de rouge en confiant à Gustave que sa femme l'abandonnait pour un Irlandais. « Tu te rends compte, Gustave, un Irlandais. Merde! »

CHAPITRE 8

MARIANNE

La visite de Thomas, deux jours plus tôt, l'avait véritablement remuée. Marianne ne l'aimait plus, elle en était certaine, mais de le voir aussi défait la perturbait. Elle se sentait déprimée, elle lui en voulait de l'avoir mise dans un état pareil. Si Rose était ici, elle lui dirait le plus naturellement du monde : « Pourquoi pas une journée pop corn? » Rose lui manquait. Quel plaisir ces heures de farniente quand elles étaient au bord de la crise de nerfs.

Quels merveilleux souvenirs! Elles mangeaient des bols de pop corn au beurre salé et buvaient du vin rouge en se disant que l'invention du magnétoscope avait changé leur vie. Pyjama toute la journée devant la télé à regarder les films de Claude Sautet. Elles pleuraient la mort de Michel Piccoli dans *Les choses de la vie,* riaient avec *César et Rosalie,* s'interrogeaient sur les hommes dans *Vincent, François, Paul et les autres* et s'abandonnaient au drame des personnages dans *Une histoire simple*. Quand le vin les laissait vulnérables, elles écoutaient *La passante du Sans-souci* de Jacques Rouffio pour admirer la belle Romy Schneider dans toute sa splendeur et pleurer quand Max enfant jouait à sa demande du violon d'une façon aussi prodigieuse. Quand elles avaient lu, adolescentes, le roman de Joseph Kessel, elles avaient été si bouleversées qu'elles n'en étaient pas revenues de lire dans Paris Match que cette histoire deviendrait un film avec la merveilleuse Romy Schneider et l'étonnant Michel Piccoli.

Elles avaient couru au cinéma Parisien. Elles avaient vu le film cinq fois, battant leur record *d'Un homme et une femme,* visionné seulement quatre fois. Rose et Marianne étaient folles de cinéma et parfois le 7e art avait été la source de quelques disputes mémorables. Marianne se rappelait leur fameuse discussion au sujet d'Éric Rohmer. Elle l'adorait, vantait ses films touchants d'une intelligence lumineuse, d'une fraîcheur incroyable. Rose ne le supportait pas, elle détestait le rythme trop lent, l'ennui mortel, l'austérité de ses films, le côté verbeux l'horripilait.

— Il aurait dû écrire du théâtre plutôt que des films, disait Rose.

— C'est un très grand cinéaste, affirmait Marianne, contrariée devant le refus de son amie d'apprécier un des plus grands réalisateurs français.

— Je ne l'ai sans doute pas compris, tranchait Rose, quelque peu exacerbée.

— C'est ça, tu ne comprends rien aux films de Rohmer, tu manques d'ouverture cinématographique, voilà, s'emportait Marianne.

— Moi, Rose Dumais, je manque d'ouverture cinématographique! Tu veux dire que je ne suis pas assez intelligente pour comprendre ces films ennuyeux et prétentieux, vociférait Rose.

— Ne monte pas sur tes grands chevaux, s'il te plaît, ce n'est pas du tout ce que j'ai dit.

— Tu ne l'as pas dit, mais tu le penses, madame je sais tout, fulminait Rose.

— Tu as vu combien de films de lui? demanda Marianne en élevant la voix.

— Deux et trois quarts à peu près, précisa Rose avec un sourire hargneux.
— Comment ça « à peu près »? pestait Marianne. Lesquels?
— Avec toi, *Ma nuit chez Maude*, au grand complet, *Le genou de Claire*, au complet encore parce que tu me serrais le bras pour ne pas que je sorte. Avec Jean-Luc, *L'amour l'après-midi*, où j'ai réussi à sortir au bout de trente minutes avec son accord parce qu'il m'a suivie. Toute seule, *Pauline à la plage*, après vingt minutes, je n'en pouvais plus et *Le rayon vert*, où j'ai résisté une quinzaine de minutes. Voilà le compte y est. Tu ne peux quand même pas me reprocher de n'avoir pas essayé de l'aimer.
— Moi je dis que tu ne le connais pas suffisamment pour te prononcer, décréta Marianne.
— Tu m'emmerdes, Marianne, quand tu prends tes grands airs d'intellectuelle qui comprend plein de choses que personne ne comprend.
— On ne peut rien te dire, Rose, tu ne prends pas la critique, tu te fâches tout de suite, lança Marianne en se croisant les bras, frustrée.

— C'est toi qui ne peux supporter que l'on ne pense pas comme toi, conclut Rose qui était sortie en claquant la porte.

Trois jours plus tard, Marianne lui téléphona pour l'inviter au restaurant. Elles décidèrent de ne plus jamais reparler d'Éric Rohmer, sujet trop frileux pour ces deux « soupe au lait ». Marianne s'en amusait aujourd'hui, mais à l'époque, les deux grandes amies se demandaient si leur amitié pouvait survivre à de tels désaccords cinématographiques.

Lorsque Marianne tria son courrier, elle remarqua une lettre sans timbre ni cachet postal avec simplement son nom écrit à la main. Elle reconnut l'écriture de Victor Dubreuil, elle s'empressa de l'ouvrir, c'était une carte de remerciement. Hier, c'était son anniversaire, lui écrivait-il, et il la remerciait d'avoir rendu cette journée formidable. Il était venu déposer la carte dans sa boîte aux lettres et il n'avait pas sonné. Il l'avait invitée à son dîner d'anniversaire et ne lui avait rien dit. Quel homme étrange!

Quand Marianne entra chez Victor ce vendredi, elle fut étonnée de le voir en robe de chambre. Elle faillit retourner sans le saluer. Devant son air indécis, Victor lui expliqua la raison de son allure inappropriée. Il était sujet à d'atroces migraines depuis au moins dix ans. Lorsqu'elles surgissaient, il n'y avait qu'une seule chose à faire, s'étendre et essayer de dormir. Son médecin faisait son possible, mais les médicaments ne l'aidaient guère, l'informa-t-il. Il n'y avait que la patience et le sommeil qui le soulageaient vraiment.

Marianne lui demanda s'il n'était pas préférable de remettre leur rendez-vous. Victor insista pour qu'elle poursuive la lecture de l'Amant de Lady Chatterley. Il portait un peignoir aux genoux en satin bleu marine sur une chemise bleu clair agrémentée d'un foulard Ascot en soie bordeaux parsemé de petits pois blancs et un pantalon gris anthracite. Il ne portait pas de bas dans ses pantoufles en cuir noir. Il avait fière allure même s'il ressemblait à un aristocrate du dix-neuvième siècle habillé pour recevoir une courtisane. Marianne se força de ne pas rire, elle évita même de sourire.

Il l'invita à le suivre dans le salon et lui montra la bergère près de la fenêtre. Elle remarqua sur une petite table une débarbouillette mouillée qui lui servait probablement de compresse. Il s'allongea sur le divan, Marianne mit ses lunettes et commença à lire. « *Elle rentra à temps pour dîner sans remarquer que Clifford fixait son regard sur elle. Son visage était doux et radieux et ses yeux bleus ouverts comme la nuit; mais ils ne s'ouvraient pas sur Clifford.* »

Victor lui rappela que la châtelaine venait tout juste de faire l'amour avec le garde-chasse, n'est-ce pas? Marianne fit oui de la tête et lui signifia que Clifford l'avait encouragée à prendre un amant puisque lui, depuis qu'il était revenu handicapé de la guerre, était incapable de la satisfaire.

« Il était en fauteuil roulant, ajouta-t-il.

— Vous avez une bonne mémoire, le complimenta-t-elle. »

Marianne lisait lentement et jetait subrepticement, par-dessus ses lunettes, des regards à Victor qui semblait dormir. Elle lut encore quelques pages et lui demanda s'il était fatigué.

« Écouter n'est pas très fatigant, répondit-il.

— C'est se concentrer qui l'est, rectifia-t-elle. »

Marianne continuait de lire. Elle détestait le voir étendu sur le divan comme un grand malade. Il avait les yeux fermés et elle ignorait s'il l'écoutait vraiment jusqu'à ce qu'il lui dise : « Cette Madame Bolton, c'est vraiment une bénédiction pour Lady Chatterley. » Ce commentaire tira un sourire à Marianne. Elle referma le livre après avoir replacé le signet et le déposa sur la table du salon. Elle lui annonça que ce serait tout pour aujourd'hui, qu'elle lui offrait cette heure de lecture comme cadeau d'anniversaire avec tous ses vœux de bonheur et de bonne santé.

Interloqué, Victor s'assit sur le divan. Marianne sortit de son sac à main une mince boîte joliment emballée de papier doré, de ruban et d'un chou rouge un peu écrasé. Victor, incrédule, rougit en regardant sa lectrice. Il déballa le cadeau et découvrit deux DVD. Il fronça les sourcils.

Marianne lui dit que c'était deux films québécois très importants dans notre cinématographie. Paru en 1971, *Mon oncle Antoine*, de Claude Jutra, a été bardé de prix internationaux, l'informa-t-elle et *La vraie nature de Bernadette* paru en 1972, un des films qui a propulsé la carrière de Gilles Carle après avoir été chaleureusement reçu à Cannes.

— Je ne sais pas quoi vous dire tellement vous me surprenez, dit Victor, décontenancé.

— Que vous êtes intéressé à connaître le cinéma québécois serait un début, tenta Marianne.

— Je suis très intéressé, avoua-t-il, surtout proposé d'une si charmante façon.

Marianne lui suggéra de visionner les films ensemble dans les prochains jours.

« Je n'aurais jamais osé vous le proposer, répondit Victor.

— Vous soignez votre sévère migraine, commença Marianne devant un Victor attentif comme un enfant, et, ensuite, vous m'appelez pour planifier une journée de cinéma. »

Il lui répondit qu'il était un homme comblé. Marianne aimait rassurer les gens. Un an déjà qu'elle était à la retraite, et faisait des efforts pour ne penser qu'à elle. Peine perdue, elle avait besoin de se sentir utile. Rose lui disait qu'il était inutile de combattre sa propre nature. Divorcée depuis dix ans, le temps ayant fait son œuvre comme elle disait, elle n'était plus malheureuse.

Elle avait eu beaucoup de difficulté à se détacher de Thomas, il avait été son grand amour pendant vingt-cinq ans. Après leur séparation, il lui téléphonait souvent. Ils avaient même fait l'amour à quelques reprises. Marianne croyait que leurs corps avaient encore besoin de s'attarder dans cette relation qui s'effilochait comme un drapeau affrontant les pires tempêtes.

Un ancien confrère de travail lui avait dit qu'il avait rencontré son ex-mari avec une jeune femme. Elle était canon et l'ex en question avait l'air très amoureux, avait-il ajouté. Le goujat! Marianne n'avait pas bronché. Lors de son dernier appel, Thomas lui avait déclaré qu'elle était sa meilleure amie. Marianne lui avait raccroché au nez. Thomas n'avait plus jamais rappelé.

Quelques mois plus tard, il convolait en justes noces avec sa belle. Aussi étonnant que cela puisse paraître, Marianne n'avait rien ressenti, pas même un pincement au cœur. « Une chose de réglée », s'était-elle dit.

CHAPITRE 9

ROSE

Pendant qu'Adrien se saoulait, Rose se rappelait sa dernière conversation avec Richard, quelques heures avant de revenir à Paris. Les deux mains sur le volant, Richard tardait à démarrer son Land Rover. Soucieux, il regardait au loin. Rose le dévisageait. Elle n'osait lui dire qu'elle craignait de manquer son vol s'il ne fonçait pas tout de suite vers l'aéroport. Il tourna la tête et avant de lui parler de sa famille, lui réitéra son amour. « Tu es la femme du reste de ma vie. »

Il lui expliqua que son épouse et lui n'étaient plus amoureux. Un amour de jeunesse qui avait refusé de s'épanouir et qui s'était transformé en profonde amitié. Quand ils avaient réalisé tous les deux ce qu'ils éprouvaient, ils avaient décidé de ne pas chambarder la famille et de continuer de vivre ensemble dans l'harmonie et le respect. Vivien réalisait des documentaires. Elle avait eu des aventures, lui aussi, ils en avaient longuement parlé et étaient arrivés à la conclusion qu'ils pouvaient avoir une vie parallèle sans que leurs enfants en souffrent.

« C'est cette vie parallèle à ma vie officielle que je t'offre, ma très chère Rose, qu'en dis-tu ? »

Rose en était bouche bée. Qu'est-ce que c'était que cette vie qu'il lui offrait ? Elle se sentait piégée. Une vie de mensonge ou de transparence ? Elle était amoureuse de l'homme le plus tordu d'Irlande.

« Si nous ne partons pas tout de suite, réussit-elle à dire, je vais rater mon avion. » Richard démarra le Land Rover. Il tournait continuellement la tête pour l'observer, il attendait anxieusement la réponse de Rose. Avant qu'elle ne monte dans l'avion, il réussit à lui soutirer les paroles qu'il désirait entendre : « Richard Harris, je t'aime, mais j'ai peur. »

À deux heures du matin, Adrien n'était toujours pas rentré. Rose s'inquiétait. Elle devrait peut-être aller le chercher au bistro où il dormait sur le comptoir complètement ivre. Elle enfilait son jean quand elle entendit une porte s'ouvrir. On l'appelait.

Elle courut jusqu'à la porte et vit Gustave qui essayait de coucher Adrien sur le sofa. Rose le remercia et lui dit comment elle était désolée de le voir dans cet état. « *Ne vous en faites pas*, dit Gustave, *je ne sais pas trop ce qui se passe ces jours-ci, mais les hommes sont malheureux. Hier, c'était un Australien, aujourd'hui, un Québécois, demain, nous verrons bien. Je vous souhaite une bonne nuit.* »

Quand ils sont malheureux, les hommes boivent. Quand elles sont malheureuses, les femmes pleurent. Rose n'avait plus sommeil. Elle ouvrit sa messagerie et vit qu'un courriel de Marianne l'attendait.

>Monalisa : Qu'est-ce qui se passe?...deux jours sans nouvelles!

>Ladyrose : Adrien cuve son vin sur le sofa. Dublin, une ville à découvrir. Richard m'attend. Il m'a dit que j'étais la femme du reste de sa vie.
>Monalisa : Est-ce qu'il est l'homme du reste de ta vie?
>Ladyrose : Comment savoir? Adrien est bien malheureux pour un homme qui m'a trompée à tour de bras.
>Monalisa : Ne t'en fais surtout pas pour lui. Il est toujours aussi beau et plein de femmes s'offriront pour le consoler.
>Ladyrose : Je l'ai épousé pour sa beauté, tu t'en souviens? Il ressemblait tellement à Paul Newman.
>Monalisa : Plusieurs femmes étaient amoureuses de lui. Et toi, tu as été l'heureuse élue, la jalousée.
>Ladyrose : En fait, je suis tombée en amour avec la version accessible de Paul Newman.
>Monalisa : Réaliste...Pauvre Adrien!
>Ladyrose : L'animal est toujours beau, même ivre mort sur le divan.
>Monalisa : La suite de ta vie???

>Ladyrose : Je pars bientôt rejoindre mon Irlandais.
>Monalisa : Mariage en vue?
>Ladyrose : Plutôt vie commune à temps partiel.
>Monalisa : Il ne te l'a pas encore demandé?
>Ladyrose : Il m'a demandé si j'acceptais de ne pas l'épouser et de l'aimer le reste de ma vie.
>Monalisa : Une très belle demande. La réponse?
>Ladyrose : OUI.
>Monalisa : La seule possible. Félicitations!
<Ladyrose : Qu'est-ce que tu lis à Victor?
>Monalisa : L'Amant de Lady Chatterley.
>Ladyrose : Quelle belle histoire d'amour! Nous l'avons lu combien de fois? Quatre ou cinq fois?
>Monalisa : Six fois exactement.
>Ladyrose : Nous étions folles.
>Monalisa : Pas folles, mais amoureuses du garde-chasse, le viril Parkin.
>Ladyrose : Je m'endors, je te souhaite une bonne nuit. Bises!
>Monalisa : Fais de beaux rêves. Bises!

    Le lendemain, elle commença à faire le tri de ses papiers importants. Toujours la même boîte qui ne la quittait jamais, tout était pêle-mêle. Les papiers d'une vie, de sa vie. Son testament et une copie de celui de son père dont l'héritage avait été plus que substantiel, passeports anciens et récents, vieilles photos de famille, curriculum vitae, beaucoup de lettres de Marianne. Elle se souvenait de cette petite fille assise à côté d'elle dans la classe.

« Tu t'appelles comment, lui avait demandé Marianne.

— Rose, avait répondu Rose.

— Et toi?

— Marianne, avait répondu Marianne. »

Elles s'étaient souri. Elles avaient neuf ans. Cinquante ans plus tard, Rose avait l'impression que ce sourire avait scellé leur amitié à jamais.

Une carte sortie à moitié de son enveloppe attira son attention. C'était la fameuse lettre qui l'avait virée à l'envers, complètement. Elle s'assit sur le bord du lit. Une reproduction du Jardin des iris de Claude Monet. Tendre délicatesse de la part de son jeune amant. « J'aimerais t'amener dans les jardins de Monet », lui avait-elle dit quand ils avaient feuilleté le beau livre qu'elle avait acheté à Giverny.

Rose n'avait rien oublié de cette semaine de vacances avec Colin. Aucune seconde, aucune minute, aucune heure. Assis dans le salon, ils dégustaient une bière. Colin porta un toast à sa belle marraine qui n'avait pas l'air de connaître les affres du temps. Rose avait souri et lui avait demandé où il avait appris à parler aux femmes d'une manière aussi flatteuse.

« Quand les femmes sont belles, répliqua-t-il, ça vient tout seul.

— Si je ne te connaissais pas, je penserais que tu es en train de me draguer, mon petit snoreau.

— Si je te draguais, qu'est-ce que tu ferais? demanda Colin en ne la quittant pas des yeux.

— Je dirais que tu as trop bu de bière et qu'il est temps d'aller manger au restaurant du coin, répondit-elle en riant. »

Elle lui demanda où il aimerait manger. « Là où tu seras », répondit-il. « Viens t'en, grand fou ». Ils sortirent et Rose ne put s'empêcher de se demander quelle était la vraie raison de la visite de son filleul. Dans le restaurant bondé, ils trouvèrent une table près d'une fenêtre. Rose commanda une salade végétarienne et une bouteille de rouge, Colin, un steak frites. Le serveur apporta la bouteille de vin, l'ouvrit et remplit à moitié leur coupe. Ils ne portèrent pas de toast avant de boire leur première gorgée. Pour cacher un malaise évident, Colin n'arrêtait pas de parler.

Rose ne lui avait jamais offert de cadeaux emballés dans de jolies boîtes comme font toutes les marraines pour l'anniversaire de leur filleul ou pour Noël, lui rappela-t-il, elle préférait l'amener au théâtre pour enfants, au cinéma, à l'Insectarium, au Biodôme, au Jardin botanique, aux concerts, aux restaurants ethniques où il découvrait toutes sortes de nourritures. « Pour l'enfant que j'étais, c'était merveilleux », ajouta-t-il.

Rose ne faisait jamais rien comme tout le monde. Ses cadeaux étaient des initiations à l'aventure. « Les enfants adorent l'aventure et le désordre, n'est-ce pas? » Rose ne répondait pas, elle se contentait de le regarder.

Est-ce qu'elle se souvenait de l'année où elle avait oublié de lui téléphoner la journée de ses six ans ? Marianne était en colère et elle avait laissé un message dans sa boîte vocale : « Tu as rendu Colin malheureux aujourd'hui. » Il avait beau dire à sa mère qu'il n'était pas malheureux et qu'il n'en voulait pas à sa marraine qu'il adorait, elle refusait de le croire.

Quand Rose avait rappelé Marianne quelques heures plus tard, c'était pour lui annoncer la mort de Jean-Luc. Un chauffard ivre récidiviste qui roulait trop vite n'avait pas freiné au feu rouge et avait renversé Jean-Luc qui traversait la rue Rachel. Mort sur le coup. Rose venait de perdre l'amour de sa vie. Elle criait, hurlait, Marianne pleurait et ne pensait qu'au stupide message dans la boîte vocale. La veille, ils avaient célébré leur cinquième anniversaire de mariage au restaurant « Au pied de cochon ». Ils avaient beaucoup bu et étaient rentrés en taxi. Le lendemain après-midi, son mari avait marché jusqu'au restaurant pour récupérer leur voiture. « Une marche de santé », lui avait-il dit pour la convaincre de venir avec lui. Rose avait refusé, elle s'en voulait encore. Qu'aurait-elle pu changer? Elle serait probablement morte avec lui, elle a tout fait pour s'en convaincre.

« Pour mes sept ans, dit Colin, tu ne m'as pas téléphoné et maman m'a dit de ne pas attendre un appel de ma marraine. C'est là que j'ai compris que le 12 juin était une date qui n'existait plus dans le calendrier de ta vie.

— On se remet difficilement d'une gifle pareille. Tu me rappelles de très mauvais souvenirs, admit Rose qui se forçait pour ne pas pleurer. »

Colin approcha sa chaise inconfortable près d'elle et la serra dans ses bras. Rose lui demanda pourquoi il parlait de tout ça. Il n'a pas su répondre. « Des souvenirs d'enfance qu'on ne raconte jamais d'habitude et là, tout sort d'un seul coup, va savoir pourquoi, pardonne-moi, dit-il. » Il retourna s'asseoir à sa place.

Malgré la tristesse qu'elle éprouvait, Rose écoutait Colin avec ravissement. Il avait une mémoire prodigieuse et un bon sens de l'observation. Rose lui demanda s'il se souvenait des toasts au bruit. Il en avait tant entendu parler par sa mère qui avait envoyé son mot d'enfant à La presse.

« Tu avais mis du fromage Brie sur mes toasts un matin, j'ai tout de suite aimé. Quelques jours plus tard, quand je t'ai demandé des toasts au bruit, tu as tellement ri que tu m'as fait pleurer. J'avais cinq ans et j'étais inconsolable, lui rappela Colin.

Rose s'inquiétait, elle croyait qu'il lui en voulait encore.

— Qu'est-ce que tu vas chercher, ce n'est qu'une histoire d'enfant, après tout.

Rose admit qu'elle avait du mal à le voir en grande personne.

— Il le faudra bien pourtant, insista Colin en la dévisageant. »

Rose se rappelait deux légers coups à la porte de sa chambre. Elle ne dormait pas, elle lisait. « C'est moi, avait-elle entendu, est-ce que je peux entrer? » Colin était entré, s'était assis sur le lit. Elle le revoyait, timide, inquiet, si beau. Il lui avait demandé s'il pouvait l'embrasser. Il n'avait pas attendu sa réponse et

Rose ne l'avait pas repoussé. Une seule fois, quelques années plus tard, Colin lui avait chuchoté dans le creux de l'oreille que parfois, il avait envie de revenir frapper à une certaine porte.

Rose ouvrit la carte et commença à la lire. Ses yeux brouillés de larmes l'empêchaient de voir, mais elle connaissait les mots de Colin par cœur. Une si belle lettre, Rose en était encore toute remuée.

« *Ma chère Rose rouge passion,*
Jamais je n'oublierai la semaine qui vient de se dérouler. Employer le verbe « oublier » est une offense à ce que nous avons vécu ensemble. Pardonne-moi. Ce sera le seul, l'unique pacte d'amour que je scellerai toute ma vie durant. Mon cœur est grand, fort et discret. Jamais il ne trahira notre si beau et si merveilleux secret. Aucune transgression ne viendra ternir ce qu'il y a de plus beau dans mon cœur. Je t'aime et t'aimerai toujours. Je te supplie de ne jamais cesser de le croire. Merci de m'avoir permis de vivre ce que j'ai vécu avec toi. Je sais que j'aurai toujours envie d'aller frapper à la porte de ta chambre. C'est ma pénitence, je l'accepte volontiers.
Je demeurerai longtemps le plus heureux des hommes grâce à toi,
Colin »

    Colin ne lui avait jamais reparlé de son escapade à Paris, jamais de sous-entendus déplacés, de regards compromettants, de gestes inappropriés, jamais il ne lui avait parlé des femmes qui traversaient sa vie. Rose savait que son filleul était un homme tendre, respectueux et attentif. Marianne lui disait que Colin était amoureux. Il n'y avait jamais de suite, elle faisait toujours la même remarque : « Cette charmante fille n'a pas su retenir Colin. » Il avait demandé à sa mère d'user d'un peu plus de discrétion concernant sa vie amoureuse. Surtout de ne pas s'en mêler parce que ça ne la regardait pas.

Rose referma la lettre et la rangea dans la boîte contenant ses papiers importants. Elle aperçut tout au fond de la boîte son journal intime. Après la mort de sa mère, son père lui avait offert un journal. Mauve avec des fleurs violettes. « *Écris les mots qui se cachent à l'intérieur de toi*, lui avait-il dit, *comme si tu parlais à la dame à qui tu peux tout raconter.* » Il était fermé à double tour. Où était la clef? Elle n'avait pas ouvert son journal depuis si longtemps. Elle força la serrure, l'ouvrit à la première page et commença la lecture.

14 mai

Je suis en colère contre toi, maman. Pourquoi tu buvais tout le temps?

15 mai

La colère est toujours là.

16 mai

Papa n'a pas pleuré. Pourquoi?

17 mai

Avec papa, nous avons déposé un bouquet de lilas sur ta tombe. Madame Bilodeau m'a donné la permission d'en couper quelques branches quand je lui ai dit que c'était pour mettre sur ta tombe.

18 mai

Je ne sais pas si je t'aime encore, maman.

19 mai

Est-ce que tu m'aimes, maman? Est-ce que tu m'as déjà oubliée?

20 mai

La colère est encore là, maman. Pourquoi?

21 mai

Tu ne réponds jamais. Tu m'as vraiment abandonnée.

18 juillet

Je n'ai pas écrit parce que j'étais fâchée. Je pense que je suis encore fâchée. Papa m'a dit d'écrire quand même. Que je devais être patiente et que je recevrais une réponse un jour. Mais quand? *Je trouve que tu n'es pas pressée. Dépêche-toi.*

19 juillet

J'attends toujours.

La même phrase se répétait tous les jours jusqu'au 5 août. Elle ne reçut jamais de réponse. Elle cessa d'écrire. La rentrée scolaire changea la vie de Rose.

4 septembre

J'ai une nouvelle amie. Elle s'appelle Marianne.

15 septembre

Je dis tout à Marianne. C'est ma meilleure amie.

9 décembre

Marianne sait tout à ton sujet. Tu sais ce que je veux dire.

10 décembre

Moi, Marianne Leclerc, jure devant Dieu que je ne raconterai jamais à personne que la mère de Rose a été tuée par sa propre fille.

Signé : Marianne Leclerc, Montréal, 10 décembre 1963

Témoin : Rose Dumais, Montréal, 10 décembre 1963

En lisant ce passage, Rose fut émue aux larmes. Elle referma le journal. La patience n'avait jamais été une qualité qu'elle privilégiait. Elle avait cessé d'écrire, son enfance était terminée.

CHAPITRE 10

MARIANNE

Victor téléphona à Marianne, le surlendemain. Elle l'invita à venir regarder les films chez elle. Elle l'attendait à treize heures. Il arriva en avance d'une quinzaine de minutes. Marianne détestait les gens qui ne respectaient pas l'heure d'un rendez-vous. La ponctualité était une de ses grandes qualités. Comme il lui présenta une belle boîte métallique de chocolats, elle afficha un grand sourire de remerciement.

Tout de suite, elle reconnut les chocolats de Geneviève Grandbois qui lui faisait commettre ses plus gros péchés de gourmandise. Victor s'empressa de lui confirmer que c'était des chocolats québécois. Elle se retint de ne pas lui sauter au cou tellement elle appréciait ces délicatesses gourmandes.

Marianne amena son invité au salon. Il ne s'assit pas tout de suite, Victor s'attarda à regarder un tableau, des photos de Justine et de Colin joliment encadrées, une sculpture sur bois... Son regard inquisiteur faisait le tour de la pièce. Il lui révéla que sa maison lui ressemblait. « Le raffinement et la distinction côtoyaient la simplicité et le bon goût », lui dit-il. Marianne sourit et lui demanda s'il désirait boire un café. Il accepta, elle le pria de la suivre dans la cuisine. Elle enjoignit à Victor de ne pas remarquer le désordre qui y régnait parce qu'il regretterait les compliments dont il l'avait encensée quelques minutes plus tôt.

Pendant qu'ils sirotaient leur café, Marianne lui présenta les deux réalisateurs des films qu'elle lui avait offerts. Il choisit « La vraie nature de Bernadette » pour débuter. Ils retournèrent au salon et Marianne mit le DVD dans le lecteur.

Elle n'avait pas revu ce film depuis longtemps. Elle se rappela les discussions interminables qu'elle et Rose avaient eues sur la libération de la femme et le retour à la terre. Rose avait même voulu acheter une ferme pour élever des moutons. Marianne se moquait d'elle en lui disant qu'elle irait, le dimanche, manger du gigot d'agneau à sa ferme. Rose fit des démarches pour trouver la ferme de ses rêves, mais elles n'aboutirent malheureusement nulle part parce qu'elle tomba amoureuse d'un traducteur.

Victor se réjouissait d'entendre certaines expressions québécoises que Marianne devait lui expliquer. Pendant la fameuse scène où Bernadette accordait une attention spéciale aux vieux messieurs qui lui demandaient une faveur érotique, Victor ressentit un malaise qui amusa fort son hôtesse. « La vraie nature de Bernadette, n'est-elle pas de rendre les gens heureux ? demanda Marianne à Victor qui ne cessait de souligner « la fraîcheur de cette délicieuse Bernadette », comme il était écrit sur le boîtier.

Il ne connaissait pas la campagne québécoise, ce film lui donnait envie de découvrir ces beaux paysages. Il lui annonça que ses prochaines vacances se dérouleront sûrement dans une région de la province. Curieuse, Marianne lui demanda quelle région l'intéressait. Il lui répondit qu'il n'en connaissait aucune. Elle n'en revenait pas. Étonnant qu'il n'ait jamais eu la curiosité et le goût d'explorer son pays d'adoption. Elle lui suggéra la région de Charlevoix parce que les paysages étaient époustouflants.

« Ce serait agréable de vous avoir comme guide », tenta Victor.

Marianne fut surprise de ces paroles et, pour mettre un terme aux intentions de son invité, elle lui annonça qu'elle partait pour la France dans quelques semaines. Qu'elle allait au Festival international de viole de gambe à Asfeld et qu'elle serait absente pendant deux semaines.

— Je vais perdre ma lectrice, observa-t-il.

— Me perdre, vous y allez un peu fort.

— Ce que je veux dire, c'est que vous allez me manquer, avoua Victor.

— Le temps passe si vite, l'encouragea Marianne.

— Je ne connais pas la ville d'Asfeld, ni son festival, j'aime beaucoup la viole de gambe.

— Asfeld est à vingt-cinq kilomètres au nord de Reims.

— J'aimerais découvrir ce festival avec vous. J'ai même d'excellents amis à Reims.

— Ah! Bon.

Devant le peu d'enthousiasme de son interlocutrice, il lui demanda d'oublier ce qu'il venait de dire et surtout qu'il n'était pas le genre d'homme à s'imposer quand sa présence n'était pas requise. Marianne trouvait, au contraire, qu'il faisait tout pour s'imposer.

— Réfléchissons, si vous le voulez bien, suggéra Marianne étonnée de ce qu'elle était en train de faire.

— À quoi? demanda Victor.

— Au billet d'avion, à la réservation de chambre, à tout...

— Je vous le répète, Marianne, loin de moi l'idée de m'imposer.

— Si vous voulez découvrir ce festival, alors, oui, je veux bien que l'on y aille ensemble, dit Marianne.

Il lui apprit n'être pas retourné en France depuis trois ans et qu'il était certain que ses amis seraient contents de l'héberger. Marianne avait l'impression de s'être fait manipuler par Victor, mais elle ne put s'empêcher de penser qu'elle était flattée de son insistance. Elle était si heureuse d'aller voir Rose à Dublin même si Paris lui manquait déjà. Elle lui écrirait aujourd'hui même pour l'informer que ses plans de voyage avaient changé. Voilà qu'elle s'encombrait d'un homme! Avait-elle pris une bonne décision?

Victor la quitta après avoir noté les renseignements dont il avait besoin pour faire sa réservation d'avion. Aussitôt seule, Marianne tenta d'entrer en contact avec Rose.

>Monalisa : Il faut que je te parle.

Elle installa son portable sur le comptoir de la cuisine en attendant la réponse de Rose. Elle sortit du congélateur un pavé de saumon qu'elle déposa dans un bol rempli d'eau froide. Saumon au cari et salade verte, rien de compliqué. Elle entendit le signal de la venue de Rose.

>Ladyrose : Qu'est-ce qui se passe?
>Monalisa : J'ai l'impression d'avoir fait une gaffe.
>Ladyrose : Raconte.
>Monalisa : Victor s'est invité au festival d'Asfeld et peut-être à Dublin et je n'ai pas refusé.
>Ladyrose : Et alors?
>Monalisa : Ai-je bien fait?
>Ladyrose : Je crois que oui, mais c'est toi qui le sais. Qu'est-ce qui te tracasse?
>Monalisa : Et s'il croyait que je veux coucher avec lui?
>Ladyrose : Tu ne le veux pas?
>Monalisa : Tu vois! Même toi, tu crois que je veux...
>Ladyrose : T'es ridicule! Couche avec lui et on n'en parle plus.

>Monalisa : Je ne veux pas coucher avec lui.
>Ladyrose : Alors, tout est clair. C'est plutôt lui qui veut faire l'amour avec toi.
>Monalisa : Ne déconne pas. Est-ce que je l'amène à Dublin?
>Ladyrose : J'ai hâte de connaître l'homme qui fait fléchir ma vieille amie.
>Monalisa : Ne commence pas! Dis-moi plutôt comment tu vas? Quand t'installes-tu à Dublin?
>Ladyrose : Je vais bien. Adrien, pas trop. Je pars demain.
>Monalisa : Écris-moi quand tu seras installée.
>Ladyrose : Promis. Bises!
>Monalisa : Bon déménagement! Bises!

Marianne savait que Rose la connaissait plus qu'elle-même ne se connaissait. Qu'est-ce qu'il était venu faire dans sa vie ce Victor Dubreuil? Il n'y avait que Rose, pensa-t-elle, qui saurait comme toujours lui tarabiscoter une réponse aussi farfelue qu'insolite.

Elle se rappelait la fois où elle avait raconté à Rose ses premiers ébats sexuels avec Thomas. Elle avait qualifié ses performances sexuelles de banales. Rose lui avait demandé de préciser ce qu'elle entendait par banal. Spontanément, elle avait répondu qu'il était aux antipodes de son vieil amant français. Elles avaient ri. Marianne avait tout raconté.

Thomas ne l'avait pas déshabillée lentement comme son amant français l'avait si bien fait. Ils s'étaient retrouvés rapidement sous les draps imprégnés de l'odeur de Thomas dont Marianne se délectait. Ils s'étaient embrassés ardemment. Thomas l'avait pénétrée et, rapidement, il avait joui. « Déjà? », n'avait pu s'empêcher de dire Marianne, déçue. « Laisse-moi une petite demi-heure et après, je t'amènerai au septième ciel », l'avait consolée Thomas.

Le septième ciel était un endroit rare et Marianne ne croyait pas que Thomas y avait déjà amené quelqu'un. Malgré elle, toutes ses pensées gravitaient autour de Thibault, son premier amant, le seul à lui avoir fait découvrir l'extase à dix-neuf ans. Il avait deviné qu'il était le premier et s'était assuré de ne jamais se faire oublier. Elle portait un jean et une blouse chinoise avec des boutons difficiles à défaire.

Son amant français la déboutonnait, la déshabillait sans se presser, sans la presser, sans cesser de l'embrasser comme pour lui montrer qu'elle était l'amante la plus importante de sa vie. Est-ce que Thomas saurait soutenir la comparaison? Marianne refusait de se poser la question.

Rose pensait que les jours de ce jeune homme étaient comptés et que Marianne ne voudrait plus le revoir, mais Marianne lui avoua qu'elle était amoureuse de Thomas.

« Comment ça, amoureuse? » demanda Rose.

Marianne lui expliqua d'un ton convaincu et passionné qu'elle l'aimait et qu'elle ne le quitterait pas.

— C'est un mauvais amant, résuma Rose.

— J'ai dit banal, pas mauvais, insista Marianne.

— Tu joues avec les mots.

— Je n'aurais jamais dû faire l'amour avec Thibault, dit Marianne.

— T'es folle ou quoi? Te priver de formidables ébats avec un amant exceptionnel? Te rends-tu compte des souvenirs merveilleux que tu as ramenés de France? continua Rose, enflammée.

— Il a mis la barre trop haute, constata Marianne, affichant un air pessimiste.

— Tu n'as qu'à raconter à Thomas ton expérience avec ton vieil amant français et lui dire que le septième ciel dont il parle, ça ne t'impressionne pas trop parce que tu as connu le vingtième ciel avec lui.

— Il va se désintéresser de moi si je lui raconte tout ça.

— Au contraire, cela va juste lui ramener les deux pieds sur terre. Et il va tout faire pour surpasser ton vieil amant français, ton Thomas à l'ego surdimensionné. Tu te prépares de belles heures de plaisir, ma très chère Marianne.

— On dirait que tu as réponse à tout, ma grande amie qui se mêle trop de mes affaires de cœur.

— On dirait, lança Rose avec un sourire espiègle.

C'est vrai que Rose avait toujours réponse à tout. Marianne n'avait jamais parlé de son amant français à Thomas. Elle s'était parfois demandé si Thibault avait toujours fait l'amour de façon aussi inoubliable.

CHAPITRE 11

ROSE

Rose avait rempli trois grosses valises. Deux boîtes pleines de vêtements pour les personnes défavorisées attendaient dans le corridor les bénévoles de son arrondissement. Adrien s'était levé tôt, il avait cherché en bougonnant des aspirines pour sa gueule de bois. Il avait pris une douche et était sorti en lui lançant : « Je vais passer la journée avec Noémie, ne m'attends pas. » Et vlan! La porte s'était refermée sur une féroce vengeance.

Elle se surprit à penser qu'elle aimerait revenir deux semaines en arrière. Plus question, le matin, d'aller lire au café du coin tout en dégustant croissant et expresso. Plutôt prendre le petit déjeuner à la maison. Plus question de se faire draguer par un Irlandais. Plutôt adopter une indifférence totale au moindre regard d'un homme aussi beau soit-il. Plus question de sortir sans parapluie. Toujours en avoir un sous la main, même par temps radieusement ensoleillé. Un dérapage est si vite arrivé. Laisser

Adrien vivre sa vie clandestine avec ses amours de passage. Elle se demandait ce qui la faisait délirer de la sorte.

Avait-elle été happée par les belles paroles d'un inconnu? Avait-elle été sourde à tous les signes de prudence que la vie lui avait lancés? Que risquait-elle au juste? D'être larguée comme une vieille chaussette dans quelques mois. Et alors? Elle savait qu'elle se relèverait, elle s'était toujours relevée. Ce qui la chicotait, c'était pourquoi elle faisait si peu confiance à Richard Harris. Il serait déçu de l'apprendre.

Rose ne pouvait ni fermer les yeux, ni revenir en arrière, ni nier tout le bonheur que son Irlandais lui procurait. La peur de mourir sans l'amour de Richard la paralysait. Elle ne partait pas sur un coup de tête, comme semblait le penser Adrien, mais sur un coup de passion, comme lui avait gentiment écrit Marianne. « Je suis une fonceuse, pas une froussarde, » lança-t-elle au miroir de sa chambre. Elle se sentit mieux.

Il était treize heures, Rose n'avait rien mangé depuis son réveil. Elle se rendit au restaurant et commanda un steak avec frites et un verre de rouge. Le steak était trop cuit, elle l'aimait bleu, elle ne mangea que les frites. Elle fit signe au garçon de lui apporter l'addition. Elle déposa l'argent sur la table et sortit. Le soleil d'après-midi plombait. Rose résista à l'envie de faire du lèche-vitrine et retourna à son appartement.

Il y avait un long message de Richard sur son ordinateur. « *Je suis débordé, alors je ne devrais pas avoir le temps de penser à toi, c'est insensé, mais mon corps et mon cœur sont en manque de toi. Dépêche-toi de revenir, ma Rose chérie. Le désir de te serrer dans mes bras est plus fort que tout. Mon prochain battement de cœur ne dépend que de toi (nice, isn'it? J'ai lu ça quelque part un jour). Ne crois pas que je suis fou, je le suis vraiment...mais de toi. J'exagère, mais je t'aime comme jamais je n'ai aimé une femme.* »

Rose lisait et relisait les élucubrations de son beau grand fou d'Irlandais. Elle aurait dû s'enthousiasmer de cette belle divagation, mais un serrement dans la poitrine la refroidissait. Elle écrivit à Marianne pour avoir son avis.

>Monalisa : Aucun homme ne m'a jamais parlé d'amour comme ça.

>Ladyrose : Moi non plus. Dis-moi ce que tu en penses.

>Monalisa : Je ne peux comparer, je ne connais aucun Irlandais. Est-ce qu'ils sont tous aussi bouleversants?

>Ladyrose : J'espère que oui. Sinon, j'ai affaire à un beau malade.

>Monalisa : Pas malade, simplement amoureux.

>Ladyrose : Il exagère, non?

>Monalisa : Je ne trouve pas.

>Ladyrose : Vraiment?

>Monalisa : Si c'est un fou en plein délire amoureux, pas de panique, tu refais ta valise pendant qu'il s'occupe de ses patients et tu reviens au plus vite. Jamais vu ni connu. Il ne pourra même pas te dénoncer à Scotland Yard pour abandon de domicile!

>Ladyrose : Pas Scotland Yard, mais la Garda. On est en Irlande. Tu me fais rire.

>Monalisa : Amoureuse?

>Ladyrose : Oui.

>Monalisa : Alors, vis ce que tu as à vivre et je viens te voir à Dublin dans quelques semaines. Bises.

>Ladyrose : Très hâte de te voir. T'écrirai ma nouvelle adresse. Bises.

  Rose n'était pas rassurée pour autant même si Marianne l'avait réconfortée. Elle se trouvait trop vieille tout à coup. Pour se consoler, elle repensa au vieil amant français de Marianne. Il aimait les femmes de son âge, avait-il dit à son amie. Il avait quarante-six ans. Rose se souvenait que toutes les deux, à vingt ans, avaient savouré ces paroles si réconfortantes. Elles se disaient qu'avec des hommes pareils, elles pouvaient vieillir en paix. Toute sa vie, Rose avait affronté les obstacles avec courage. Elle n'avait peur de rien, voulait tout voir, tout découvrir. Elle avait même sauté en parachute, pour voir la terre d'en haut, disait-elle. Ce qui lui avait valu de la part de son père le sobriquet de « Ma Rose-qui-n'a-pas-peur-de-faire-peur-à-son-père ».

  Toujours sans nouvelles d'Adrien. Elle n'avait jamais cru qu'il tenait désespérément à elle et ne le croyait pas plus aujourd'hui. Noémie était peut-être en train de l'écouter dénigrer les quinze années de vie avec son épouse infidèle. « Pauvre Noémie, si j'étais toi, je courrais au bout du monde, loin de lui. »

Quelques heures plus tard, tous ses bagages étaient prêts. Adrien n'était toujours pas rentré. Elle aurait souhaité lui faire ses adieux de vive voix. Elle lui écrivit quelques mots qu'elle laissa sur la table de la cuisine.

« Cher Adrien,

J'emporte avec moi quinze années de beaux souvenirs. Tu m'as rendue heureuse, n'en doute pas. La vie est cruelle, parfois. Je ne te déteste pas.

Rose »

Rose commençait une nouvelle vie. Elle appela un taxi et demanda un chauffeur qui l'aiderait à transporter ses trois valises. Une demi-heure plus tard, elle entendit une voix masculine dans son interphone. Elle le fit entrer, le chauffeur maghrébin s'empara de deux valises, Rose, de l'autre. Elle verrouilla la porte et sortit de l'immeuble.

En sourdine, on entendait une musique arabe. La circulation était dense, tout semblait bloqué, le trajet serait long, Rose s'arma de patience. Elle réfléchissait à sa nouvelle vie. Se familiariser avec la ville de Dublin était son premier objectif. Ensuite, elle chercherait un travail en traduction. Elle avait bien fait d'abandonner les moutons pour retourner à l'université. Elle s'était inscrite en traduction, ne sachant trop quoi faire avec son baccalauréat en lettres françaises. Elle avait obtenu son diplôme quelques semaines avant de dire « oui » à Étienne qui lui avait proposé de l'amener chez monsieur le maire. Les nouveaux mariés étaient partis en Italie pendant un mois. À son retour, Rose avait décidé de suivre des cours d'italien tellement elle avait été charmée par ce pays.

Elle avait le don des langues, au contraire de Marianne qui peinait encore à parler anglais. Rose avait payé des camps de vacances en anglais à son filleul, elle l'avait même inscrit avec elle à des cours d'espagnol. Elle lui avait aussi présenté Helena, la petite fille d'une de ses copines qui avait dix ans comme lui pour qu'ils parlent espagnol ensemble. Helena ne parlait pas encore le français à cette époque. Colin parlait espagnol couramment aujourd'hui et parfois, ils se parlaient dans cette langue. Pour les onze ans de son filleul, elle l'avait amené sur la Costa del sol. Marianne et Justine les avaient accompagnés. Elles avaient été impressionnées d'entendre Colin parler une langue dont elles ne comprenaient aucun mot. Marianne le regardait avec fierté et ne cessait de répéter à Rose comment elle était heureuse de l'avoir choisie comme marraine. « Je me suis imposée parce que je n'aurais jamais toléré que tu en choisisses une autre que moi », rectifia Rose. Ils avaient beaucoup ri pendant ce voyage, elle en gardait un souvenir indélébile.

Rose pouvait traduire en français des romans anglais, espagnols, allemands et italiens. La pauvre, elle avait commencé par traduire en français des instructions pour se servir adéquatement de lave-linge et de sèche-linge à chargement frontal d'une marque allemande reconnue. Rose s'était mise à rire de cette expérience parce qu'elle avait refusé un autre contrat de cette compagnie pourtant satisfaite de ses services. « C'est la littérature qui m'intéresse, pas les appareils ménagers », avait-elle dit à Marianne. Avec cette unique expérience à son CV, elle avait réussi à décrocher deux contrats dans de grandes maisons d'édition. Elle avait déjà traduit deux romans allemands et un recueil de poésie espagnol. Elle adorait son travail. Elle savait aussi que son nom circulait et que sa réputation de traductrice s'affermissait. Elle ne doutait pas de trouver du travail en Irlande.

Enfin à l'aéroport ! Richard lui avait juré qu'il viendrait la chercher, Rose reprit confiance en l'avenir.

CHAPITRE 12

MARIANNE

Victor attendait Marianne. Il était à Reims depuis trois jours. Les retrouvailles avec ses amis roumains furent des plus chaleureuses. Des heures à parler de leur vie loin de la Roumanie dans leur langue maternelle tout en se gavant de feuilles de vigne farcies de riz et de hachis de porc, de roulades de viande, de salade de bœuf, de caviars de haricots blancs, de gâteau au citron et de pasca. Ces mets préparés par Fiona accompagnés de vins blancs fruités et de tuica en apéritif faisaient les délices de leurs discussions enflammées. Il y avait longtemps que Victor n'avait pas été aussi heureux.

Marianne avait réservé une chambre à l'hôtel de la Cathédrale. Victor s'était installé chez ses amis, rue Clovis. Elle fut surprise de l'apercevoir dans le hall de l'hôtel. Il s'avança vers elle et lui dit, devant son étonnement, que ses amis n'habitaient qu'à quelques rues. Il attendit qu'elle s'inscrive à la réception. Il n'y avait pas d'ascenseur, il monta les quatre étages derrière elle en portant sa valise et son sac de voyage.

La chambre était petite, mais propre. Déçue, Marianne commença à défaire ses bagages. Avant de partir, Victor l'invita au restaurant. Il viendrait la chercher à dix-neuf heures. Elle avait besoin de se reposer, la fatigue du voyage l'avait épuisée. Elle sortit de sa valise sa robe en coton vert émeraude qui mettait ses yeux en valeur, la secoua pour la défroisser et la mit sur un cintre. En se voyant dans le miroir de la minuscule salle de bain, elle s'adressa une grimace qui fut loin de la faire rire. Elle réalisa que son visage avait grand besoin de sommeil. Elle ferma les rideaux, se déshabilla et se glissa sous les draps. Elle s'endormit tout de suite.

Un mauvais rêve la sortit de son sommeil. Il était dix-huit heures douze. Elle avait encore envie de dormir, mais elle se souvint que Victor l'avait invitée à souper. Elle prit une douche et s'enduisit le corps d'une crème subtilement parfumée, se brossa les cheveux qu'elle releva en chignon et se maquilla légèrement. Ensuite, elle enfila sa robe et mit ses sandales à talons hauts.

Dix-neuf heures dix-huit minutes. Aucune nouvelle de Victor. « Quel horrible défaut que ce manque de ponctualité! S'il n'arrive pas tout de suite, je lui fais la gueule toute la soirée. » Rose lui aurait sûrement dit de ne pas faire tout un plat pour une banale affaire de minutes. Elle aurait ajouté que Marianne souffrait du syndrome de la ponctualité. Marianne l'aurait envoyée paître sous les grands éclats de rire de Rose. « Elle m'emmerde, mais je l'adore », dit Marianne à son miroir. Elle constata que le repos lui avait donné meilleur teint.

Quelques minutes plus tard, le téléphone sonna. Le commis à la réception la prévint qu'il y avait quelqu'un qui l'attendait dans le hall. « Eh! bien, qu'il attende », se dit Marianne. Elle se remit du rouge à lèvres, rajusta son chignon, se relava les mains, et tout ça avec une lenteur tout à fait insupportable. Elle prit son sac et descendit les quatre étages presque dans la joie en imaginant l'impatience de son soupirant.

Victor était debout au pied de l'escalier avec un bouquet d'iris. « Ce n'est pas vrai, se dit Marianne, il me fait vraiment la cour. »

— Excusez mon retard, Marianne, j'ai eu du mal à trouver des iris de cette couleur, il n'y avait que du bleu, dit-il en lui tendant le bouquet.

« Votre chambre est si triste, ajouta-t-il devant le regard étonné de Marianne. »

Il avait le don de la désarçonner à un point tel qu'elle eut de la difficulté à cacher son trouble. Ses chocolats préférés et maintenant des iris. Qui l'avait informé qu'elle n'adorait que les iris pourpres? Marianne, les bras chargés de fleurs, ne savait que faire. Victor s'informa auprès du commis à la réception s'il était possible d'avoir un grand vase. Ce dernier lui apporta un pot en verre. Victor mit les iris dans le pot et offrit à Marianne de remonter avec elle pour permettre aux fleurs de chasser la tristesse de sa chambre. Ils remontèrent les quatre étages. Marianne ouvrit la porte, Victor se rendit dans la salle de bain, versa de l'eau dans le vase et déposa le bouquet d'iris pourpres sur une petite table devant la fenêtre.

« Vous dormirez mieux, lui dit-il, j'en suis convaincu. »

— Merci, dit Marianne, vous êtes si imprévisible.

Elle verrouilla la porte et ils redescendirent dans le hall de l'hôtel. Il lui dit qu'elle était radieuse et lui tendit le bras. Ils marchèrent quelques minutes à peine jusqu'au restaurant Le Millénaire près de la cathédrale. L'ambiance feutrée du restaurant plut immédiatement à Marianne. Le maître d'hôtel les conduisit à une table près d'une fenêtre donnant sur un square.

Un serveur apporta les menus tout en leur souhaitant la bienvenue. Il suggéra certains plats. Marianne posa quelques questions et finalement, opta pour le velouté de potiron et la daurade grillée. Victor ne savait quoi choisir, alors, il commanda « la même chose que madame ». Il lut la carte des vins et montra un

Cabernet-Sauvignon qui reçut l'approbation du garçon.

Ils avaient à peine grignoté quelques morceaux de pain que déjà le serveur apportait la bouteille de vin. Un vin que Marianne qualifia de sublime. Elle raconta à Victor que Rose et elle, grâce à la générosité du père de Rose, avaient fréquenté de très bons restaurants à Montréal quand elles étaient étudiantes. Rose se portait toujours volontaire pour goûter le vin le plus cher de la carte. Elle respirait le vin, le nez dans le verre, le faisait tourner dans sa coupe et se mettait à parler de sa brillance, de sa robe et de sa longueur en bouche. « Je me mordais les lèvres pour ne pas éclater de rire tellement la fanfaronnade de Rose me décontenançait ». Rose terminait son éloge au vin en affirmant que « ce n'était pas de la piquette ». Le serveur nullement impressionné par la performance œnologique de sa cliente remplissait les deux coupes et repartait rapidement en haussant les épaules. « Qu'est-ce que je connais au vin ? » demandait Rose. « Absolument rien », répondait Marianne. Et les deux amies partaient dans un rire complètement fou qui exaspérait tous les clients du restaurant qui se demandaient pourquoi on tolérait ces deux écervelées dans un endroit si raffiné.

Marianne expliquait à Victor tout le bonheur qu'elle éprouvait d'être ici pour découvrir le festival de la viole de gambe à Asfeld. « J'ignore pourquoi cette musique me donne l'impression d'être vraiment vivante ». Victor commanda une autre bouteille de vin.

Quand ils sortirent du restaurant, Marianne ressentait une plaisante ivresse. Elle avait envie de chanter, de rire, mais même un peu grise, Marianne ne perdait jamais la tête. Elle lui avoua qu'il y avait longtemps qu'elle ne s'était sentie aussi heureuse. Victor la prit dans ses bras, chercha sa bouche et l'embrassa tendrement. Ce fut un long baiser. Marianne se libéra doucement de son emprise. « Ce n'est pas moi qui succombe, c'est le vin que j'ai bu », chuchota-t-elle à Victor en paraphrasant Jacques Prévert.

« Jacques Prévert nous dit aussi que ce n'est pas lui qui pleure…

— C'est son amour perdu, continua Marianne.

— Il nous en dit des choses ce poète.

— Il est tard, dit Marianne en regardant sa montre, j'ai sommeil, vous seriez gentil de me ramener à mon hôtel. »

Ils marchèrent en silence main dans la main. Marianne le remercia pour l'excellent repas, lui souhaita une bonne nuit et lui donna rendez-vous le lendemain matin. Il lui annonça qu'il avait loué une voiture pour se rendre à Asfeld et qu'il passerait la prendre vers dix heures trente. Marianne lui confirma qu'elle l'attendrait dans le hall à l'heure convenue.

Marianne était fatiguée, mais elle eut du mal à s'endormir. Elle se revoyait dans les bras de Victor Dubreuil, il y avait longtemps qu'un homme n'avait suscité chez elle de tels frémissements de plaisir. « Je ne suis pas amoureuse », se dit-elle rassurée et, sur cette constatation, elle s'endormit.

À huit heures trente, Marianne, pimpante, descendit prendre son petit déjeuner dans la salle à manger remplie de touristes. Elle s'attarda en savourant un deuxième café tout en relisant le programme du festival. Elle regarda l'horloge, but une dernière gorgée de café et regagna sa chambre.

Elle refit un brin de toilette et cinq minutes avant l'arrivée de Victor Dubreuil, ne doutant pas qu'il serait probablement en retard, descendit dans le hall. À dix heures trente pile, Victor se présenta à la réception et c'est là qu'il aperçut Marianne qui s'avançait vers lui. « Vous êtes éblouissante », lui dit-il avec un grand sourire d'appréciation. Ils sortirent de l'hôtel et marchèrent jusqu'à la voiture garée devant la cathédrale. Moins d'une quarantaine de minutes plus tard, Marianne et Victor se retrouvèrent à Asfeld.

CHAPITRE 13

ROSE

    Rose avait quitté les bras de Richard Harris sans le réveiller. Il était rentré tard, elle dormait. Il l'avait réveillée doucement en lui mordillant les oreilles, une caresse qu'elle adorait. Ils avaient fait l'amour et Richard s'était endormi aussitôt. Tous les jours, il lui disait qu'il l'aimait. Est-ce qu'elle était heureuse pour autant? Elle se posait cette question trop souvent. Mauvais signe!

Rose s'ennuyait. Elle avait visité quelques musées, vu des expositions, quelques films, arpenté les plus belles rues de la ville. Elle était seule à Paris avec un mari qui était en voyage la grande majorité du temps. Elle était seule à Dublin avec un amant qui travaillait douze heures par jour. Qu'est-ce qui était le pire, s'ennuyer à Paris ou s'ennuyer à Dublin? Rose répondit à haute voix : « S'ennuyer tout court. »

Ce qui la comblerait aujourd'hui serait de se retrouver à Montréal et vivre avec Marianne leur vie de femmes libres. Elle fut étonnée de penser une telle chose. Est-ce qu'elle tenait vraiment à Richard Harris? Est-ce que sa rencontre n'avait que précipité sa rupture avec Adrien?

Elle ne savait plus comment aménager cet appartement qui était irrémédiablement trop petit. Elle partageait un pied-à-terre. Manque flagrant d'espace et de placard. Elle n'arrivait pas à s'installer, elle était en transit et détestait cela.

Rose avait en horreur les immeubles avec de minuscules terrasses. Un pot de géraniums, et déjà, l'espace manquait. Une petite table, deux chaises pliantes et, voilà, l'été pouvait commencer. La maison héritée de son père lui manquait : des arbres presque centenaires, une grande cour, une piscine, et des étudiants locataires très responsables, lui avait juré Marianne. Elle ne se l'était encore jamais avoué, mais elle se sentait prisonnière. Les belles paroles d'amour de Richard l'avaient complètement envoûtée. Des paroles dont il se serait abstenu s'il avait connu la vraie Rose Dumais. Dois-je tout lui dire, avait-elle demandé à Marianne.

>Monalisa- Pourquoi?

>Ladyrose- Pour qu'il connaisse la vraie Rose Dumais.

>Monalisa- Ridicule. Il n'y a pas de fausse Rose Dumais. Ne déconne pas!

>Ladyrose- Je suis une cachottière?

>Monalisa- Tu n'as pas à tout dire. Ça ne le regarde vraiment pas.

>Ladyrose- Certaine?

>Monalisa- Absolument.

Rose n'avait pas été rassurée pour autant. Elle ne comprenait pas ce besoin de s'épancher sur ses malheurs d'enfant dont elle n'avait jamais parlé à ses maris.

Si je vous disais, Richard Harris, que j'ai tué ma mère. Toujours saoule, cette mère. Toujours à la recherche des bouteilles d'alcool que je cachais dans des endroits qu'elle ne pouvait trouver. Et l'oncle Arthur qui achetait cet alcool frelaté à des prix dérisoires. Alcool assassin! Alcool déchireur d'entrailles!

Ma mère, une loque humaine que je détestais, qui me battait pour que je lui dise où j'avais caché son trésor. Elle me battait au sang. « Enfant de chienne », qu'elle me hurlait. Elle criait, je criais, elle me battait, je criais. Elle empestait l'alcool. La rage au cœur, je suis sortie sur le balcon, ai couru sur la passerelle jusqu'au hangar à charbon, ai saisi les deux bouteilles que j'avais cachées, les ai frappées de toutes mes forces l'une contre l'autre, l'alcool s'est répandu rapidement, une forte odeur a pénétré dans mes narines, un haut-le-cœur m'a immobilisée, ma mère criait.

Pour la faire taire, j'ai lancé les restes des deux bouteilles sur ma mère. Elle s'est élancée vers moi en vociférant : « Je vais te flanquer une fessée que tu n'oublieras pas de sitôt, ma p'tite maudite! ». Elle a glissé sur la flaque d'alcool sur la passerelle pleine d'éclats de verre. Elle titubait trop pour reprendre son équilibre, le garde-fou en bois pourri à certains endroits ne résista pas à la poussée de son corps. Elle tomba de trois étages en hurlant de terreur. Elle atterrit sur les pointes de la clôture en fer forgé qui ceinturait le jardin. Les hurlements cessèrent instantanément. Elle s'était empalée. Il y eut un long silence.

Cette mère-là était accrochée à la clôture, une pointe de métal sortant de son cou et une autre enfoncée dans sa poitrine. Le sang coulait et arrosait les arbustes et les fleurs du propriétaire. Terrorisée, couchée sur la passerelle, la tête dans le vide, je pleurais à chaudes larmes. Les yeux de ma mère étaient grands ouverts. Je regardais cette mère-là qui n'était plus ma mère et je chuchotais : « Papa, papa ». Mme Duhamel, notre voisine, est accourue. Elle m'a prise dans ses bras et m'amena loin de ce drame.

M. Duhamel appela les policiers et les supplia de venir aussi vite qu'ils le pouvaient. Il descendit dans la ruelle et avec un autre voisin éloignèrent les gens qui s'étaient amoncelés autour de la morte. Les policiers arrivèrent rapidement. Ils prirent le contrôle de la situation.

Une heure plus tard, toujours en larmes, Rose vit son père. Elle accourut vers lui et se réfugia dans ses bras. Il la serra à l'étouffer. Rose cessa de pleurer lorsqu'elle vit que son père ne pleurait pas. Rose comprit alors que leur vie allait changer radicalement.

Pendant toutes ces années, Rose avait pris soin de l'enfant Rose, l'avait bercée, cajolée, amusée, et surtout, avait fait son possible pour que jamais elle ne repense à cette horrible tragédie qui l'aurait anéantie si elle avait cherché à comprendre. Une seule fois, l'enfant Rose avait questionné son père. Il lui avait répondu que chercher à comprendre l'incompréhensible demandait beaucoup de temps et ce temps, « ma petite Rose que j'aime de tout mon cœur, nous ne l'avons pas ». Rose n'avait pas trop compris, mais elle aimait son père et ce que son père disait, elle l'enregistrait dans sa mémoire.

Quelques mois plus tard, le père de Rose acheta une maison dans un autre quartier. Il avait été formel : « On déménage pour ne plus que les gens portent sur nous un regard d'apitoiement et nous, ma Rose, nous allons tout oublier, tout; on ne reparlera plus jamais de ce drame, jamais, notre vie recommence maintenant. Jure-le, ma Rose. » Rose avait juré. Elle avait oublié comme s'il ne s'était rien passé et n'avait plus jamais reparlé de cette histoire.

Malgré l'amour et la tendresse de son père, Rose ressentait une faille au fond d'elle-même. Elle n'avait jamais réussi à effacer l'image de sa mère empalée sur la clôture. Cette image était l'empreinte de son enfance. Son père l'avait amenée rencontrer une dame « à qui tu peux tout raconter ». Pendant les six premières séances, Rose, en colère, s'était tue. Il faut être patient avec les enfants, disait la dame à son père. Elle avait pleuré pendant les quatre rencontres suivantes. « Est-ce que tu veux me dire, Rose, pourquoi tu as de la peine ? » lui avait gentiment demandé la dame. Rose avait fait non de la tête. « Je veux mon papa. » La dame n'avait pas insisté et était sortie dans la salle d'attente prévenir le père de Rose. Rose n'était jamais revenue voir la dame « à qui tu peux tout raconter ». Elle n'avait jamais trahi son père.

Quand son père est mort, elle avait quarante ans. Une crise cardiaque foudroyante l'avait emporté. Il avait été le seul homme que Rose avait vraiment aimé. Jamais un mot plus haut que l'autre, jamais de cris, jamais de paroles désobligeantes. Elle ne s'était jamais consolée de cette perte, il lui manquait toujours. Marianne avait raison. Elle ne dirait rien à Richard Harris, elle ne trahirait pas son père.

CHAPITRE 14

MARIANNE

C'était un festival couru par des passionnés de viole de gambe, il y avait beaucoup de monde. Même si son nom n'apparaissait pas sur le programme, Marianne espérait rencontrer Jordi Savall. Pourquoi viendrait-il incognito ? Elle conclut honteusement qu'elle avait les mêmes espoirs que les adulateurs de rock stars.

    Marianne et Victor se promenèrent dans le salon de la lutherie et assistèrent dans le péristyle de l'église à des concerts donnés par des musiciens en herbe. Certains jouaient de la viole de gambe d'une façon que Marianne jugeait exceptionnelle. Ils visitèrent l'église et n'en revenaient pas de cette magnifique architecture curieuse et inhabituelle.

    Victor demanda à Marianne si elle était fatiguée.

— Un peu, répondit Marianne, mais j'ai surtout faim.

    Ils montèrent dans la voiture et trouvèrent assez vite un restaurant italien où il y avait encore quelques tables disponibles. Un serveur les amena à une table en terrasse où un géranium lierre rose saumon s'épanouissait sur le mur et attirait tous les regards. Ils commandèrent des pâtes Primavera et une bouteille de Chianti. Victor s'enquit auprès de sa lectrice si elle acceptait de venir dîner demain soir chez ses amis qui désiraient la rencontrer.

« Vos amis veulent savoir si je suis assez bien pour vous, le taquina Marianne le sourire aux lèvres.

— Ils veulent surtout savoir si vous êtes trop bien pour moi, répondit-il après avoir bu la moitié de son verre d'eau.

Marianne accepta, mais après le concert de dix-sept heures qu'elle ne voulait pas manquer.

— Après le concert, cela va de soi, la rassura Victor.

Le serveur apporta assiettes et bouteille de vin. Ils mangèrent en se pressant un peu parce que Marianne avait demandé à son compagnon de retourner à Reims pour changer de vêtements avant le concert du soir.

L'église d'Asfeld était bondée. Tout le monde se déplaçait lentement et admirait l'église Saint-Didier, chef-d'œuvre d'art baroque. Marianne et Victor s'extasiaient devant ce monument unique au monde. Il n'y avait pas d'immenses vitraux comme dans les cathédrales, mais des ouvertures pour « permettre aux chants et aux prières de monter jusqu'aux cieux », comme il était écrit dans le guide qui glorifiait les plans de l'architecte François Romain, frère dominicain, à la demande du comte d'Avaux, érudit et amoureux de l'art baroque. Marianne était fascinée par toutes les courbes de l'église construite au XVIIe siècle qui imitaient étonnamment la viole de gambe.

Marianne et Victor trouvèrent leurs sièges au milieu de la rotonde. Les musiciens s'étaient installés et avaient commencé à accorder leur instrument. Cacophonie présage de succès. À vingt et une heures exactement, le présentateur apparut sous les applaudissements des mélomanes impatients.

Le concert débuta. Marianne aimait tant cette musique qu'elle dut se retenir pour ne pas pleurer. Son professeur, monsieur Lewis, lui avait dit que la viole de gambe était l'instrument qui ressemblait le plus à la voix humaine. Marianne aurait voulu partager avec tous ceux qu'elle aimait le bonheur que cette musique lui procurait. Elle avait été intarissable pendant le trajet de retour à Reims. Victor l'avait écoutée en souriant, il hochait la tête pour manifester son accord. Thomas détestait ces emportements démesurés. Il lui disait qu'elle l'énervait. Marianne se renfrognait en se jurant de ne plus rien lui dire. Elle se demandait encore, après toutes ces années, pourquoi elle l'avait aimé autant.

Le lendemain, après le concert de dix-sept heures, ils retournèrent à Reims chez les amis d'enfance de Victor. La musique et le festival d'Asfeld dont Fiona et Virgil avaient couru les concerts pendant quelques années furent les principaux sujets de discussion tout au long du repas.

Au dessert, ils commencèrent à parler de la guerre. Marianne les écoutait attentivement, touchant à peine aux brioches farcies de pommes et aux petits croissants fourrés de loukoum. Elle n'osait formuler la moindre question même si Virgil et Fiona ne la quittaient pas des yeux.

« Une guerre que l'on a vécue est présente tous les jours dans notre vie. Pour les enfants que nous étions, l'armistice n'a jamais existé. Les soldats morts ou handicapés, les pères jamais revenus, les mères vieillies prématurément, les maisons détruites, saccagées, l'enfance en allée, l'après-guerre ne laissait que des traces ineffaçables dans nos têtes perturbées », tenta d'expliquer Virgil à ses invités. Victor hochait la tête.

Marianne but une gorgée de vin pour se donner une certaine contenance, mais au fond d'elle-même leur souffrance était loin de la laisser insensible.

Fiona lui demanda si elle avait des enfants. Marianne leur parla de Justine qui enseignait le français à des enfants japonais à Sapporo et de Colin qui avait longtemps cherché sa voie après avoir quitté la faculté de droit de l'Université de Montréal, mais maintenant, il était instructeur de ski à Whistler dans les Rocheuses. À son tour, elle s'informa auprès de son hôtesse s'ils avaient également des enfants.

Silence absolu. Fiona la regardait, incapable de sortir un son de sa bouche, les yeux débordant de larmes. Marianne sut d'instinct qu'un malheur inapaisable leur était arrivé. Ce fut plus fort qu'elle, Marianne s'approcha de Fiona et la prit dans ses bras. Fiona n'arrêtait pas de pleurer comme si les larmes avaient attendu ce moment précis pour se répandre. On n'entendait que des reniflements.

Virgil commença par les regarder elle et Victor droit dans les yeux laissant deviner qu'il s'apprêtait à leur révéler le plus secret des secrets. Il raconta ce qu'il ne racontait jamais. Même Victor ne l'avait jamais entendu de la bouche de son vieil ami. Pendant longtemps, il avait observé, impuissant, ses amis souffrir en silence.

« C'était un beau jour de juillet », commença Virgil, comme on dit « il était une fois » pour capter l'attention des enfants. Il s'arrêta, se racla la gorge, regarda son épouse et Fiona hocha la tête.

« Le 25 plus précisément. Notre aîné Constantin fêtait ses 21 ans. Il y avait de la joie dans l'air. Notre fils étudiait à l'Université Polytechnique de Bucarest. Nous étions si fiers de lui. Pour son anniversaire, nous avions acheté une voiture vieille de six ans, mais en bonne condition. Il avait son permis de conduire depuis quelques mois. Constantin était si heureux, nous l'étions aussi.

Après avoir soufflé ses bougies et engouffré deux gros morceaux de gâteau, il a demandé à ses jeunes frères Ciprian et Ioan d'étrenner avec lui sa nouvelle voiture. Fiona et moi avions consenti à ce qu'ils quittent la fête pour cette promenade improvisée. De retour dans une quinzaine de minutes, exigea leur mère. Ses cousins leur demandèrent de revenir vite pour qu'eux aussi essaient la nouvelle voiture. Ils sont partis en riant et nous envoyaient la main en nous criant : « Au revoir, tout le monde ».

Ils ne sont jamais revenus. Constantin roulait trop vite. Un chauffard ivre, nous ont dit les policiers, les a heurtés de plein fouet. Nos trois fils sont morts sur le coup. Et nous, nous sommes morts aussi, ce jour-là avec eux. »

Virgil regardait Fiona qui avait cessé de pleurer. Il se leva, prit la bouteille de cognac et en versa dans quatre verres. Inutile de porter un toast. Ils burent en silence. Quoi dire de plus?

Victor raccompagna Marianne jusqu'à son hôtel. La nuit était chaude, ils marchèrent lentement en se tenant par la main. Il lui demanda si elle acceptait de partir seule à Dublin. Il croyait que sa place était auprès de ses amis à Reims encore quelques jours. Marianne le croyait aussi. Il la pria de présenter ses excuses à son amie Rose et de la remercier de son invitation.

Avant de la laisser dans le hall, Victor avait enlacé Marianne et lui avait dit qu'il était heureux qu'elle fasse partie de sa vie. Ils s'étaient embrassés tendrement et Marianne avait su à cet instant que Victor Dubreuil était véritablement entré dans sa vie. Ils se dirent « adieu » et se donnèrent rendez-vous à Montréal.

Marianne s'envola vers Dublin avec un pincement au cœur. Malgré toute la joie que ses retrouvailles avec Rose lui procurait, elle ne put s'empêcher d'éprouver une certaine hâte de rentrer à Montréal et de revoir Victor. « La vie est drôlement faite », pensa-t-elle.

CHAPITRE 15

ROSE et MARIANNE

Le lendemain, lorsque Rose se rendit à l'aéroport, son bonheur de revoir sa grande amie lui fit oublier ses problèmes existentiels. Marianne récupéra ses bagages et vit Rose qui l'attendait à la sortie les deux bras gesticulant dans les airs pour qu'elle la remarque tout de suite. Marianne découvrit que Rose, malgré la soixantaine qui s'amorcerait dans quelques mois, était tout simplement resplendissante. Elle s'en voulut de ne pas avoir fait l'effort de se maquiller pour être à son avantage devant son amie qu'elle n'avait pas revue depuis presque deux années.

Rose et Marianne se sautèrent dans les bras. Elles étaient si heureuses d'enfin se retrouver qu'elles n'arrêtaient pas de se dire combien elles s'étaient manquées. Il y avait un monde fou à l'aéroport, à croire que tous les voyageurs transitaient par Dublin avant de se rendre à leur destination.

« Tu es seule, constata Rose en regardant autour d'elle.

— Je t'expliquerai, dit Marianne. »

Après une attente d'une quarantaine de minutes, sous un soleil exceptionnellement chaud, elles montèrent dans un taxi. Rose expliquait que la température à Dublin était tout à fait imprévisible. Il pleuvait souvent, alors, valait mieux traîner un parapluie. Rose avait appris que le port du parapluie faisait partie de la routine des Dublinois. Elle en avait acheté cinq jusqu'à maintenant.

« Un antivent qui ne se retournait presque jamais, un télescopique, obligatoire dans un sac à main, un autre, bandoulière qui permettait de garder les mains libres, encore un autre, béquille, celui-là avec un manche en forme de canne au joli pommeau en bois sculpté pour les vieilles comme moi et, finalement, un mini pour dépanner en cas de petite pluie », énuméra-t-elle en pouffant de rire.

Marianne lui fit remarquer qu'elle l'avait rarement vu avec un parapluie, elle les détestait et les oubliait partout.

« C'est vrai que j'ai toujours détesté les parapluies, mais j'ai toujours aimé la pluie, clarifia Rose. Rappelle-toi comment on aimait les journées pluvieuses quand nous étions écolières. On adorait se promener sous la pluie sans parapluie.

— À la moindre averse, on courait dehors en espérant contracter un gros rhume pour manquer l'école, confirma Marianne.

— Malchanceuses que nous étions, jamais au grand jamais nous n'avons attrapé ne serait-ce que le début d'un refroidissement, concluait Rose.

— À peine un éternuement, complétait Marianne en riant.

— Console-toi, souligna Marianne, le parapluie si détesté a complètement changé ta vie.

— Non, rectifia Rose, c'est plutôt l'homme sous le parapluie qui a changé ma vie.

— On peut dire que la pluie t'aura enfin porté chance, soumit Marianne.

— On peut dire ça, consentit Rose. »

Elles se tenaient la main comme des gamines ne voulant pas s'égarer. Rose lui rappela qu'elles ne s'étaient pas vues depuis un an et demi. Marianne avait l'impression de l'avoir vue hier.

« Je vais encore te dire la même chose..., commença Marianne.

— Que le temps passe vite, l'interrompit Rose, je sais, c'est un cliché, tous les vieux disent ça. »

Après lui avoir vanté l'extraordinaire festival de la viole de gambe, Marianne lui raconta ses derniers moments avec Victor. Elle lui répéta presque mot pour mot le drame de la mort des trois fils de Fiona et Virgil. Rose et Marianne pleuraient comme deux madeleines. Le jeune chauffeur de taxi les regardait dans son rétroviseur en se demandant si ses clientes n'étaient pas un peu fêlées.

Rose demanda à Marianne ce que cette histoire lui rappelait. Elle savait à quoi Rose faisait allusion. La fameuse scène dans le film « Le soldat Ryan » où un représentant de l'armée américaine venait annoncer à Madame Ryan que trois de ses quatre fils étaient morts à la guerre. Elle était seule dans sa maison éloignée de tout. Penchée au-dessus de l'évier, elle lavait la vaisselle. Un chien aboyait vivement. Elle leva la tête, tira le rideau de dentelle et aperçut au loin une voiture noire traînant un long nuage de poussière sur l'interminable chemin de terre bordé d'arbustes. Elle s'avança jusqu'à la porte d'entrée. Une photo des quatre frères reposait sur une table d'appoint. Madame Ryan ouvrit la porte et poussa la moustiquaire.

Elle se retrouva sur la galerie de bois. La voiture noire s'immobilisa devant la maison. Un Capitaine de l'armée américaine et un aumônier sortirent en silence. Mal à l'aise, impassibles, les deux hommes s'épiaient. Madame Ryan déchiffra ces regards coupables. Elle s'effondra sur le portique avant même que les hauts gradés n'aient eu le temps de la soutenir.

« Combien de fois a-t-on revu cette scène, demanda Rose en s'essuyant les yeux.

— Toute l'absurdité de la guerre est résumée dans cette scène tellement émouvante, dit Marianne, et Spielberg l'a vraiment bien rendue. »

Le chauffeur de taxi s'arrêta : « Twenty-five euros, ladies. » Marianne fouilla dans son sac, sortit des mouchoirs et en donna un à Rose. Pendant qu'elles se mouchaient, le chauffeur s'impatientait: « Ladies, please, life is so sad, but here we are and it'll be twenty-five euros. » Rose lui remit vingt-huit euros, elles entendirent un faible merci. Il appuya sur un bouton, le coffre arrière s'ouvrit. Il sortit de la voiture, remit à Marianne sa valise et son sac de voyage, referma le coffre, les salua, remonta dans son taxi et repartit aussi vite.

Rose et Marianne se reposèrent en prenant un verre de vin. Rose l'informa que Richard avait loué l'appartement de ses voisins en vacances en Corse pendant un mois. Il y avait deux grandes chambres avec leur propre salle de bain. Vu les circonstances, Marianne sera seule dans ce grand appartement. Elle était déçue, mais n'en laissa rien paraître.

Elles vidèrent la bouteille de vin blanc en discutant de la vie et de leurs amours. Marianne avait faim, Rose prépara du fromage, des biscottes, des fruits et des chips et ouvrit une autre bouteille.

« C'est bon de se retrouver, dit Marianne la bouche pleine.

— Comme si nous ne nous étions jamais quittées, c'est très rassurant, dit Rose.

— Et ton Jules, je le vois quand? demanda Marianne.

À la seconde même, la sonnette de la porte retentit.

— En parlant du loup...murmura Marianne.

Rose s'immobilisa. Richard n'avait pas besoin de sonner pour entrer dans son propre appartement. Elle regarda par le judas. Elle chuchota à Marianne que c'était un vieux monsieur qu'elle ne connaissait pas. Marianne regarda à son tour par le judas.

— Mais c'est Victor Dubreuil, s'exclama-t-elle en ouvrant la porte.

Victor, inquiet, mais souriant, une valise à ses pieds, examinait les deux femmes avec grande appréhension.

— Qu'est-ce que vous faites là? demanda Marianne, l'air surpris.

— Fiona m'a littéralement mis à la porte de sa maison en me sermonnant comme un gamin qui vient de commettre un mauvais coup, expliqua-t-il. Elle m'a dit que j'étais un malappris d'abandonner une femme aussi charmante et aussi belle que vous. Ce n'était pas beau à voir, je vous l'assure, ajouta-t-il en affichant un air faussement sérieux.

— J'adore l'humour de Fiona, dit Marianne en s'emparant de la valise du nouveau visiteur. Elle fit les présentations. Rose et Victor se serrèrent la main et elle l'invita à s'asseoir pour partager un verre de vin.

Victor n'avait pas eu de difficulté à changer son billet d'avion. Tout s'était fait très vite et le temps lui avait manqué pour les prévenir de son arrivée impromptue. Il était vraiment désolé de procurer tant de désagrément.

« Qu'est-ce que vous racontez? dit Rose, l'important, c'est que vous soyez là, comme c'était prévu. »

Le reste de l'après-midi se déroula dans la bonne humeur et le vin aidant, Marianne et Rose racontaient des anecdotes sur leur longue amitié qui amusaient fort Victor. Le téléphone sonna, c'était Richard qui prévenait Rose d'un retard d'au moins une heure. Il lui demanda de faire des réservations dans un bon restaurant, il invitait tout le monde.

Devant une soirée qui s'annonçait des plus festives, Rose, Marianne et Victor portèrent un toast à la santé de Richard Harris et décidèrent d'un commun accord que tout le monde se tutoierait.

CHAPITRE 16

ROSE ET MARIANNE

Marianne et Victor avaient été charmés par l'intelligence et la gentillesse de Richard Harris. La façon qu'il avait de regarder Rose rassurait Marianne. Il y avait longtemps qu'elle n'avait vu des étincelles aussi lumineuses dans les yeux de sa meilleure amie.

Rose avait planifié une semaine culturelle suffisamment chargée pour dissiper toute forme d'ennui chez ses invités. Richard n'avait pas réussi à se libérer complètement, mais à grappiller quelques demi-journées par-ci, par-là pour explorer sa ville avec ses nouveaux amis. Il s'était improvisé guide averti sachant faire ressortir toute la beauté de Dublin, « ville méconnue », disait-il.

Tout au long de la semaine, ils admirèrent l'importante collection de peintures européennes à la National Gallery et les bijoux datant de la préhistoire et du Moyen Âge au National Museum. L'ancienne prison Kilmainham Gaol reconnue comme une des plus terribles d'Europe suscita de grandes consternations. Le musée Guinness qui servait une pinte de leur fameuse bière à la fin du parcours au Granity, bar situé au sommet de l'immeuble, ramena la joie de vivre lorsqu'ils contemplèrent la vue panoramique sur toute la ville.

Sous l'œil amusé de Rose et Marianne, Richard et Victor sympathisaient comme deux connaissances de longue date. Ces retrouvailles, même brèves, enchantaient les deux amies. Elles aimaient tant découvrir ensemble une ville étrangère. Prague et Barcelone avaient été leurs plus mémorables coups de cœur. Marianne aimait se promener dans les parcs dublinois. Pieds nus dans le gazon touffu, elle prenait de grandes bouffées d'air pur.

Après des heures de marche, les quatre promeneurs se rendaient dans un pub du Temple bar pour siroter une Guinness. Ils discutaient des pays et des villes qui les avaient charmés dans leurs différents voyages. Ils réalisèrent que Richard était le seul à n'être jamais allé à Prague. Ils promirent donc que cette ville serait leur prochaine destination et choquèrent leur bock de bière pour officialiser cette promesse.

Marianne regarda Rose.

« Il faudra aussi l'amener à Montréal. »

— Je n'y manquerai pas, rétorqua Rose en adressant un clin d'œil au principal intéressé.

Richard déclara avec un ton empreint de certitude : « Ne trouves-tu pas, Victor, que ce sont les femmes qui mènent nos vies. »

— Ce n'est que maintenant que tu t'en rends compte? répondit Victor en montrant un air médusé.

— Je suis un grand naïf, constata Richard. Ce qui suscita des éclats de rire de la part de Rose et Marianne.

Rose profita de cette bonne humeur pour leur présenter l'horaire de leur dernier jour à Dublin. Tous obtempérèrent à ses suggestions. La journée se termina au restaurant Matt the Thresher parce que Richard connaissait le propriétaire. Tout au long du repas, ils ne parlèrent que du plaisir de découvrir une ville aussi formidable que Dublin. Victor s'empara de l'addition malgré les récriminations de Richard.

À neuf heures, le lendemain matin, ils se retrouvèrent au Queen of tarts. Une serveuse au sourire invitant s'amena avec une cafetière fumante. Elle versa le café dans des tasses de porcelaine joliment désuètes. Une autre arriva et prit leur commande. Ils se régalèrent tous de saumon fumé irlandais, d'œufs brouillés et de pain brun grillé. Personne ne put résister aux scones aux pommes tant vantés par Rose.

Après un troisième café, ils se levèrent et prirent la direction du National Museum où avait lieu l'exposition permanente d'Eileen Gray, artiste irlandaise extrêmement douée. Ils purent admirer son fauteuil du dragon, le deuxième meuble le plus cher de l'Histoire, un chef-d'œuvre vendu vingt et un virgule neuf millions d'euros en 2009. Ils apprirent que cette Irlandaise était architecte et designer mobilier, qu'elle avait vécu toute sa vie d'artiste en France et qu'elle était morte à Paris à 98 ans.

Ensuite, ils se rendirent sur Grafton Street, rue piétonnière plus typique où des musiciens agrémentaient le séjour des touristes. Marianne et Rose achetèrent des bijoux et des livres d'auteurs irlandais qu'elles ne connaissaient pas. Ils décidèrent de retourner dans le quartier Temple bar prendre leur dernier apéritif dublinois. Deux heures plus tard, ils étaient dans le minuscule salon de Richard. Ce dernier ouvrit une bouteille de vin.

Rose qui aimait cuisiner s'éclipsa dans la cuisine. La veille, elle avait planifié son menu : filets de poulet au curry, dans une sauce à la crème fraîche, haricots verts comme accompagnement, salade de cresson et fenouil en entrée. Et la sublime tarte au citron achetée chez Queen of tarts. Toujours délicieux, jamais compliqué : telle était sa devise.

Marianne qui avait abandonné les messieurs, rejoignit Rose et décida d'ajouter une meringue à son dessert préféré. Rose lui dit qu'elle aimait se compliquer la vie. « Avoue que c'est meilleur avec une meringue, justifia Marianne. »

— Qu'est-ce que tu vas me sortir encore, demanda Rose en riant, une tarte au citron sans meringue, c'est comme...

— Une robe noire sans collier de perles.

— Tiré par les cheveux.

Marianne continuait de chercher des comparaisons.

— C'est comme un gâteau d'anniversaire sans chandelles.

— C'est mieux, mais encore...

— Comme une mariée sans bouquet.

— Quétaine, trancha Rose.

— J'ai besoin d'œufs et de sucre. As-tu un batteur? s'enquit Marianne à court d'idées. Elle ouvrait les armoires sans se soucier des regards contrariés de Rose.

— Ça sent bon, j'ai faim, lança Richard, et mon ami Victor aussi. C'est bientôt prêt?

Rose déclara à son grand paresseux que tout le monde pourrait manger dès qu'il mettrait les couverts sur la table.

— Je vis avec une femme qui croit au partage des tâches, dit-il en regardant Victor. Me crois-tu, cher ami, si je te dis que je me suis fait avoir par une féministe montréalaise trop belle pour moi et en plus, comble de malheur, elle est séparatiste.

— Indépendantiste, corrigea Rose. Il s'en dit des bêtises dans ce minuscule appartement, s'écria Rose. Ce qui provoqua l'hilarité générale.

— Je croyais qu'avec une femme plus vieille que moi, confia-t-il à Victor, je me ferais servir comme dans les temps anciens et qu'on s'occuperait de moi comme le maître de la maison le mérite, mais ce n'est pas du tout ce qui m'arrive.

— Je connais quelqu'un qui sera privé de dessert, osa Marianne en élevant la voix pour que la personne concernée entende bien le message.

La spontanéité du rire de Richard l'empêcha de lui répondre.

— Plus tu parles, plus tu aggraves ton cas, souffla Victor avec un reste d'accent slave qui assaisonnait son français quand il était fatigué.

— J'adore les Québécoises, ce sont des femmes formidables, confirma Richard.

— Je crois que tu améliores tes chances de dessert, rétorqua Victor.

Marianne demanda à Rose si Richard croyait vraiment les amadouer avec ce genre de compliments surannés.

— Il faudra faire plus, beaucoup plus que ces peccadilles de louanges qui sont loin de nous impressionner, répondit Rose en s'accrochant à Marianne qui avait du mal à conserver son sérieux.

— Es-tu toi aussi indépendantiste, Marianne, demanda Victor.

— Depuis toujours, déclara Marianne surprise de sa question.

— Je n'avais pas encore émigré lors du premier référendum, crut bon de spécifier Victor.

— Ni lors du deuxième en 95, ajouta Marianne.

— Le premier, c'était quand, s'enquit Richard?

— Le 20 mai 1980, répondit Rose.

Rose et Marianne revinrent s'asseoir au salon et racontèrent cette soirée mémorable au Centre Paul-Sauvé à Montréal. « Mon fédéraliste d'ex-mari était resté à la maison et s'occupait des enfants », ajouta Marianne. Elle ne mentionna pas que leurs idées politiques opposées avaient été la source de nombreux conflits entre eux. Elles se souvenaient comme si c'était hier du discours d'un René Lévesque complètement désillusionné. « *Ça fait mal plus profondément que n'importe quelle défaite électorale* », dit Rose en reprenant les paroles du premier ministre. « *Si je vous ai bien compris,* continuait Marianne, *vous êtes en train de dire à la prochaine fois.* » Le Centre Paul-Sauvé était inconsolable. René Lévesque leur a demandé de chanter la seule chanson de Gilles Vigneault qui pouvait les réconforter. Rose et Marianne se regardèrent et entonnèrent « Gens du pays » avec une telle ardeur que leurs yeux se mouillèrent au grand étonnement de Victor et Richard qui échangeaient des regards sans trop comprendre se qui se passait vraiment.

— Votre René Lévesque, à vous, c'est comme notre Michaël Collins à nous, Irlandais, déclara Richard le plus sérieusement du monde.

— Ne mélangeons pas les héros, dit Rose, Lévesque était contre toute forme de violence.

— L'indépendance de l'Irlande n'aurait pu se faire sans, affirma Richard.

— En Irlande, il y a eu une guerre pour faire l'Indépendance qui a fait trop de morts, au Québec, il y a eu 2 référendums et aucun mort, dit Marianne.

— On ne peut absolument pas comparer la situation irlandaise avec celle du Québec, dit Rose.

— Un sujet inépuisable, conclut Richard.

— Inépuisable, en effet, dit Rose qui porta un toast à un peut-être Québec indépendant.

Le vin était bon et toute la soirée se déroula sur un ton plus badin qui égaya les convives. Richard et Victor s'entendaient pour dire que l'humour était le sauveur des relations conflictuelles. « C'est une qualité, poursuivait Richard en scrutant les trois paires d'yeux attentifs, que tout le monde devrait cultiver. »

Lui, qui, deux semaines auparavant, n'avait pas eu le cœur à la rigolade quand il avait reçu à l'urgence de l'hôpital une jeune suicidée avec les poignets tailladés. C'était affreux. Il n'avait pu la sauver et s'était demandé comment une fille si frêle trouvait la force de s'entailler la chair aussi profondément. Elle avait dix-sept ans. Elle s'appelait Elsa.

CHAPITRE 17

MARIANNE

Il était minuit et demi quand Marianne et Victor rentrèrent dans l'appartement du deuxième. Ils se souhaitèrent une bonne nuit, Victor prit Marianne dans ses bras. Ils s'embrassèrent. Elle se libéra, lui redit « bonne nuit » et se retira dans sa chambre.

Une heure plus tard, Victor était assis dans le fauteuil en velours beige et feuilletait un livre d'art contemporain italien qui traînait sur la table de chevet. Il n'avait pas sommeil. Soudain, il entendit un grattement à sa porte. « C'est moi, Marianne. » Victor lui dit d'entrer.

— Est-ce que je te dérange? demanda Marianne, mal à l'aise.

— Je t'attendais, répondit Victor, je t'attends depuis très longtemps, ma précieuse Marianne.

Il tendit les bras, elle s'y réfugia. Ses paroles bienfaisantes confirmèrent son besoin de lui. Victor lui donna un long baiser, la porta sur le lit et la déshabilla lentement. Ses doigts glissaient sur sa peau, la chatouillant presque. Marianne riait sans le vouloir. Il la regardait amoureusement. Pendant l'amour, Victor ne cessait de répéter son nom, « Marianne, Marianne, Marianne... », comme une ritournelle enivrante qu'il chuchotait en un diminuendo jusqu'au plaisir ultime. Ils s'endormirent dans leurs bras, apaisés, heureux.

Et pourtant le premier soir, lorsqu'ils entrèrent dans l'appartement du deuxième, Victor avait proposé à Marianne de boire un cognac avant de dormir. Marianne s'était empressé de refuser parce qu'elle tombait de sommeil. Elle lui avait souhaité une bonne nuit et s'était réfugiée dans sa chambre. Elle détestait le cognac. Mais ce qu'elle détestait encore plus, c'était d'avoir été mise devant un fait accompli. Partager l'appartement avec Victor l'incommodait.

Même s'ils s'étaient déjà embrassés, même si les bras de Victor l'avaient délicieusement enveloppée, elle n'était pas encore prête à franchir l'étape qui officialiserait la naissance d'un couple, de leur couple. Est-ce qu'elle le désirait vraiment?

Pourquoi n'avait-elle pas refusé lorsque Victor lui avait demandé de l'accompagner au Festival d'Asfeld? Elle aurait simplement dû lui dire que ce voyage était planifié depuis longtemps et que son amie Rose l'attendait. Il aurait compris que sa présence n'était pas appropriée et que deux semaines sans lecture, ce n'était pas la fin du monde.

Marianne croyait que ce qui devait arriver arrivait toujours et que la vie arrangeait ou défaisait les choses sans qu'on ait besoin d'intervenir. Ce en quoi Rose était en parfait désaccord. Souvent, la vie appréciait les coups de pouce qu'on lui donnait, se plaisait-elle à dire à Marianne.

Pourquoi tant de précipitation? La promiscuité, très peu pour elle. Elle se demandait pourquoi Rose, qui la connaissait si bien, n'y avait pas pensé. Elle détestait quand Rose prenait des décisions à sa place. Est-ce qu'elle avait senti que Victor était l'homme qui lui fallait? Sa grande amie avait parfois des intuitions qui l'exaspéraient.

Marianne prit une douche et se coucha. Elle n'arrivait pas à dormir. À l'affût du moindre bruit causé par Victor, elle n'entendait rien. Et ce silence trop réel l'empêchait de trouver le sommeil. À croire qu'il volait au lieu de marcher. Victor n'avait pas insisté lorsque Marianne avait refusé de prendre un dernier verre avec lui. Il devinait l'état dans lequel elle devait se trouver. Lui aussi avait été étonné de cette intimité imposée. Quand même, se disait Marianne, il aurait pu insister un petit peu plus.

Les soirs suivants, Victor lui souhaitait une bonne nuit avant de se retirer dans sa chambre. Marianne s'en offusquait presque. Elle se disait qu'elle l'avait sans doute blessé, mais que pouvait-elle y faire? Et s'il frappait à sa porte? Est-ce que Victor oserait? Que ferait-elle? L'ignorerait-elle ou le ferait-elle entrer? Si elle le laissait entrer, il s'attendrait à ce qu'elle fasse l'amour avec lui. N'en avait-elle pas envie aussi? Pourquoi se posait-elle toutes ces questions si elle n'avait pas envie qu'il l'enjôle?

Marianne n'en pouvait plus de se poser des questions aussi ridicules. « À mon âge, je suis vraiment la reine des sottes », se dit-elle avant de sombrer dans un sommeil, dont les rêves érotiques l'amenèrent, le lendemain matin, à qualifier de réparateurs.

Ils s'étaient réveillés en même temps, ankylosés. Victor l'avait retenue et lui avait dit : « Je t'aime. » Marianne n'avait ressenti que de la crainte.

Avant de quitter l'appartement, Victor avait chuchoté dans le creux de l'oreille de son amante qu'elle faisait partie de sa vie, maintenant. Tout de suite, il avait ouvert la porte sans attendre sa réponse. Ce n'était pas un homme exubérant, plutôt discret. Il était parti sans l'embrasser, mais en lui demandant de l'attendre à Montréal. Ils s'étaient alors souri. Victor était parti à l'aéroport de Dublin en taxi, refusant qu'on l'accompagne parce qu'il détestait les adieux, mais manifesta à Rose et Richard tout le bonheur que ces quelques jours à Dublin avec des gens aussi charmants lui avaient procuré.

Il retournait chez ses amis rémois. Il avait promis à Virgil de revenir pour une excursion de pêche à la truite dans la Marne. « Une semaine loin de toi, comment le pourrais-je ? » C'est ce qu'il avait dit à Marianne avant de monter dans le taxi. Elle en avait eu les larmes aux yeux.

CHAPITRE 18

ROSE ET MARIANNE

Comme Marianne ne prenait l'avion pour Montréal que le lendemain, Rose et elle en profitèrent pour analyser leur nouvelle vie amoureuse en allant savourer une bière dans Temple Bar. Elle confia à Rose qu'elle était amoureuse de Victor. Qu'elle avait fait l'amour avec lui la nuit dernière. Rose s'en était rendu compte ce matin même au petit déjeuner.

« Comment ça? demanda Marianne, surprise.

— Tes yeux scintillants et la façon dont tu le dévisageais.

— Je ne peux plus cacher mes sentiments, dit Marianne, songeuse.

— C'était comment?

— Une nuit délicieusement imprévisible. »

Marianne raconta sa nuit idyllique. Rose l'écoutait en ne la quittant pas des yeux. Elle l'encouragea en lui disant que sa meilleure amie était en train de vivre une merveilleuse histoire d'amour.

« Nous vivons sans doute notre dernière histoire d'amour, concéda Marianne avec tristesse.

— Tu n'es pas très gaie, rétorqua Rose. »

Marianne lui rappela qu'en février prochain elles fêteront leur soixantième anniversaire de naissance.

— Quelle mouche t'a piquée, aujourd'hui, Marianne, tous les ans, c'est le même problème, vieillir t'angoisse.

— Nous sommes chanceuses à notre âge de vivre encore une histoire d'amour, tu ne trouves pas?

—Chanceuses? Victor et Richard le sont encore plus que nous, rectifia Rose.

Marianne demanda des éclaircissements. Rose expliqua avec une certaine ardeur qui la surprenait elle-même qu'une femme qui vivait une histoire d'amour à soixante ans, encore aujourd'hui en deux mille treize, c'était dû à la chance ou carrément utopique pour ne pas dire chimérique, alors qu'un homme, quel que soit son âge, c'était légitime, normal.

— Tu parles comme une féministe frustrée, dit Marianne.

— Pas du tout, s'exclama Rose, ça ne t'est jamais passé par la tête que si Richard et Victor étaient tombés amoureux de nous c'était parce que nous étions des femmes belles, intelligentes, souriantes, autonomes, bien dans leur peau, aimant la vie et suscitant encore des regards libidineux de la gent masculine malgré la maudite soixantaine qui s'annonçait.

Marianne reconnut que vu sous cet angle, elles étaient le contraire de femmes frustrées.

— Tu as toujours eu le sens de la dramatisation, Marianne, lui reprocha Rose, et ça s'envenime avec l'âge, débarrasse-toi de cette mauvaise habitude pour l'amour de Dieu.

— Je ne dramatise pas, c'est de la peur, concéda Marianne.

— Peur de quoi? demanda Rose.

— Ça ne te fait pas peur, toi, soixante ans?

— J'essaie de ne pas trop y penser, répondit Rose, d'autant plus que l'homme que j'aime a neuf ans de moins que moi.

Marianne hocha la tête en lui disant qu'elle avait raison.

« J'espère seulement que Richard Harris est éperdument amoureux de moi, insista Rose, parce qu'à la moindre allusion déplaisante de sa part concernant l'âge de la vieille dame que je vais devenir et je me barre aussitôt. Crois-moi, Rose Dumais a du ressort. Je ne me laisserai pas démolir par ce jeunot, si beau soit-il, lança-t-elle en riant.

— J'adore quand tu me remets les pendules à l'heure normale de l'Est, toi, ma merveilleuse amie, répliqua Marianne en souriant ».

Marianne et Rose portèrent un toast à leur longue amitié et à leur future soixantaine qu'elles décidèrent instantanément de célébrer de façon grandiose à Montréal en février prochain. « Si Dieu nous prête vie, crut bon de rajouter Marianne. » « Ne recommence pas, la sermonna Rose, tu persistes à être un éteignoir ambulant. »

CHAPITRE 19

MARIANNE

Marianne était revenue de Dublin le cœur léger. Assise sur le bord du hublot, elle regardait les rangées de nuages tout en grignotant un petit sac d'amandes. Elle commanda une eau minérale à l'agente de bord. Elle repensait à sa nuit avec Victor toute en douceur et en délicatesse. Elle en frissonnait encore. En dénudant ses seins, il avait dit : « Magnifiques! » Exactement le mot utilisé par son amant français pour qualifier ses seins de dix-neuf ans. Quarante ans plus tard, elle n'osait savourer un tel compliment hautement exagéré.

Elle entendait les commentaires de Rose. Ne lui avait-elle pas dit de ne pas toujours remettre en question ce que les hommes disaient. « Laisse-les parler, ils adorent ça, ils se croient tous d'irrésistibles séducteurs. » Même Richard? lui avait-elle demandé. Surtout lui, avait confié Rose.

Dans le taxi qui les avait amenées à l'aéroport, Rose et Marianne s'étaient promis de s'écrire tous les jours et de planifier leur dernière fête d'anniversaire qu'elles voulaient mémorable. Elles avaient décidé qu'il était temps de mettre un terme à ces célébrations de la vieillesse abusant des chiffres qui s'accumulaient au gré des rides. Holà!

Elles étaient nées toutes les deux le dix-huit février mille neuf cent cinquante-trois au petit matin. À chacun de ses anniversaires, après la mort de sa mère, Rose s'absentait de l'école et son père, de son travail. Marianne se demandait pourquoi Rose était toujours malade la journée de sa fête. Pour elle et son père, le dix-huit février était devenu un jour férié. C'était leur secret et ils ne le partageaient avec personne.

Tout était minutieusement préparé des jours, des semaines avant la date fatidique. Son père l'amenait dans un grand restaurant déguster des mets nouveaux ou faire du ski de fond dans une auberge à la campagne ou au théâtre après un souper copieux ou faire du ski alpin au Mont-Tremblant ou chez Holt Renfrew choisir des vêtements hors de prix. Le père de

Rose ne savait quoi inventer pour que sa fille qui avait vu mourir tragiquement sa mère ne soit pas exclue d'un avenir créatif et heureux.

Rose ne divulgua son secret à Marianne que le dix-huit février mille neuf cent soixante et onze. Elles avaient dix-huit ans. Pour fêter sa majorité, son père avait choisi la ville de New York. Tout un week-end. En plus, il offrit à sa fille d'amener sa grande amie Marianne. Monsieur Dumais était loin de se douter qu'il provoquerait un tel feu d'artifice.

New York! Marianne en avait conservé un souvenir incommensurable. C'était le paradis pour ces deux jeunes femmes qui n'étaient jamais montées dans un avion. Baptême de l'air, chambres au Waldorf Astoria, marche interminable sur la cinquième avenue et ses innombrables boutiques, visite du Musée Guggenheim et du Metropolitan Museum of Art, comédie musicale de l'heure, Grease, au Broadhurst Theater et dégustation des meilleurs bagels au Barney Greengrass.

Ce premier voyage avait changé leur vie. Elles étaient revenues, mais ne pensaient qu'à repartir. Elles parcouraient le globe terrestre de Marianne et planifiaient de futurs voyages en Amérique du Sud, en Europe, en Afrique, en Asie, sitôt leur diplôme universitaire en mains.

Quand, l'année suivante, la grand-mère de Marianne décéda, elle hérita de mille cinq cents dollars. Elle s'est tout de suite envolée vers Paris, encouragée par Rose, même si ses parents lui disaient qu'elle gaspillait l'argent durement amassé par sa grand-mère Aline. Malgré les remontrances de ses parents, pas un seul instant Marianne ne douta de la satisfaction de sa grand-mère de voir sa petite-fille investir son mince pécule dans la découverte de Paris.

Quand Marianne entra dans sa maison, une odeur de fleurs fanées lui agressa les narines. Le bouquet de roses et de marguerites qu'elle s'était offert avait rendu l'âme depuis plusieurs jours. Comment des fleurs si belles et si odorantes peuvent-elles sentir aussi mauvais, se demandait Marianne qui avait oublié de sortir le bouquet sur la terrasse avant de partir, il y avait deux semaines. Elle jeta les fleurs, mit le pot dans le lave-vaisselle et ouvrit toutes les fenêtres. Rapidement, les parfums de l'été prirent la relève de cette odeur nauséabonde.

    Un soleil magnifique inondait la cour. Marianne se dépêcha de défaire sa valise. Elle prépara du thé et sortit s'étendre au soleil. Elle ne pensait ni à Victor Dubreuil, ni à son voyage à Asfeld, ni à Rose, ni à Dublin. Marianne dormait sous l'érable rouge qui la protégeait de l'ardeur des rayons.

CHAPITRE 20

ROSE

Par l'entremise d'un patient de Richard, Rose avait trouvé un travail de traductrice dans une maison d'édition. Elle traduisait du français à l'anglais un roman d'une jeune auteure belge qui avait ravi les critiques. Elle avait beaucoup aimé ce roman et l'avait envoyé à Marianne. Une dizaine de jours plus tard, son amie lui avait écrit quelques commentaires élogieux.

>Monalisa : Histoire palpitante, rythme d'enfer, dialogues percutants, trouvailles d'écriture. Un premier roman tout à fait réussi. Bravo!

>Ladyrose : Contente d'avoir trouvé un travail chez un éditeur. La solitude était devenue lourde. Montréal me manque.

>Monalisa : Je te sens déprimée. Dublin est une jolie ville, non?
>Ladyrose : Ça n'a rien à voir avec Dublin, mais Montréal me manque quand même.
>Monalisa : Tu te sens seule?
>Ladyrose : Je SUIS seule, je ne connais personne et Richard n'est jamais là.
>Monalisa : Tu devrais lui en parler.
>Ladyrose : Je retourne travailler. Bisous.
>Monalisa : Nous en reparlerons. Bisous.

Rose retourna à sa traduction. Elle n'avait pas envie de s'apitoyer sur son sort. Elle avait besoin de réfléchir calmement à sa situation et surtout ne pas chambarder sa vie une autre fois.

La table de la salle à manger convertie en table de travail, Rose détestait cet aménagement temporaire. Tous les matins, après le petit déjeuner, elle installait son ordinateur, ses dictionnaires, ses grammaires, et commençait à travailler. Vers les dix-neuf heures, elle reconvertissait son coin de travail en table de repas. Richard avait promis de lui offrir une vraie table pour travailler, mais ses journées étaient si épuisantes qu'il ne trouvait jamais le temps. Rose avait suggéré d'acheter ensemble un appartement plus grand, mais Richard l'avait regardée si étrangement, qu'elle n'en avait jamais reparlé. Elle réalisait qu'elle avait tout quitté pour lui. Pourquoi? C'est ce qu'elle se demandait après seulement quelques mois de vie commune. Et lui, qu'avait-il fait pour rendre son séjour agréable à part lui faire l'amour plus souvent qu'à son tour.

Rose rangea son ordinateur, elle était fatiguée, la journée avait été difficile. Elle regarda l'heure, déjà dix-neuf heures quinze. Aucune envie de préparer le souper. Elle sortit acheter des sushis et une bouteille de vin blanc. Il faisait chaud, mais le temps était gris. Elle trouva rapidement ce qu'elle désirait chez le traiteur japonais. En sortant, elle se laissa tenter par les étals du mini marché qui envahissaient le trottoir de couleurs et d'odeurs familières. Elle palpa les mangues, huma leur parfum et en choisit trois dodues et mûres à point. Elle acheta aussi des kiwis et des poires. Quand elle pénétra dans l'immeuble, une fine pluie commençait à tomber.

Richard entra au moment où Rose dressait le couvert sur la table. Il l'embrassa, Rose lui dit que tout était prêt, il n'avait qu'à déboucher la bouteille de vin. Pendant ce temps, elle disposait les sushis ainsi qu'une assiette de fruits sur la table.

Le repas se fit en silence. Richard mangeait avec appétit, il observait Rose. Elle triturait ses morceaux de sushis avec ses baguettes et mangeait à peine. Il finit par lui dire qu'elle ne semblait pas très heureuse.

« C'est vrai, dit-elle.

Elle le fixa d'un air grave.

— Qu'est-ce qui se passe, demanda Richard, inquiet.

— J'étouffe, dit-elle en ne le quittant pas des yeux. Elle ajouta qu'elle ne pouvait pas vivre dans un endroit si petit.

— C'est temporaire, tu le sais.

— J'ai besoin d'un endroit où travailler, insista-t-elle. »

Il tournait son vin dans son verre et lui demanda ce qu'elle proposait. « Une maison avec jardin à Dublin, affirma-t-elle. »

Un long silence s'ensuivit. Richard se leva et vida son verre d'un trait et alla s'asseoir sur le canapé. Rose prit une mangue et commença à la peler pour en faire des tranches. Elle aimait l'odeur légèrement citronnée qu'elle dégageait. Elle en apporta à Richard et s'assit en face de lui. Ils dégustèrent les tranches de mangues goulument. Rose retourna à la table peler une deuxième mangue et elle l'entendit dire qu'acheter une maison requérait beaucoup d'argent.

« Il faudra choisir, souligna Rose, en élevant la voix. »

Richard fronça les sourcils et réclama des éclaircissements.

— Il me faut une pièce pour travailler et j'ai besoin de plus d'espace, plaidait-elle en préparant la mangue.

Richard revint s'asseoir à la table. Il lui dit de faire attention pour ne pas se couper. Rose continuait de défendre sa cause.

« Tu m'as demandé de venir à Dublin, j'ai accepté, mais je passe les journées dans ton pied-à-terre comme une femme désœuvrée qui attend son amant. Je ne peux accepter la tournure que prend ma vie avec toi.

— Je comprends tout ça, mais je t'ai demandé d'être patiente, ce n'est que temporaire, se défendait-il.

— Ça s'éternise, riposta-t-elle, tu as sans doute remarqué qu'une de mes valises n'est pas encore défaite par absence de placard.

— C'est vrai que l'appartement est petit, mais est-ce que tu pourrais attendre encore un peu?

— Non, trancha Rose en le regardant droit dans les yeux. »

Un non définitif, sans retour. Richard n'avait plus le choix. S'il voulait garder Rose près de lui, il devait accéder à ses demandes, lesquelles étaient loin d'être extravagantes. Une maison avec jardin pour deux amoureux. Il voyait bien qu'elle avait raison et que vivre dans ce minuscule appartement gâcherait leur relation. S'il perdait Rose, il ne pourrait s'en prendre qu'à lui-même et à son incorrigible défaut de penser tout bonnement qu'avec le temps les choses s'arrangeaient d'elles-mêmes. Perdre Rose, son cœur s'arrêtera de battre. Le temps était venu de le prouver.

Il prit les deux mains de Rose dans les siennes.

« Est-ce que tu m'aimes, demanda-t-il d'une voix tendre.

Rose lui posa la même question.

— Oui, répondit-il sans aucune hésitation.

— Moi aussi, répondit-elle.

— Alors, ce sera une maison avec jardin à Dublin, pour Rose que j'aime de tout mon cœur, conclut-il, mais je n'ai pas beaucoup de temps...

— Moi, j'ai tout le temps qu'il faut, coupa Rose, déterminée. »

En affichant non pas un sourire de vainqueur, mais plutôt de femme heureuse, Rose lui donna les plus belles tranches de mangues parce qu'il avait utilisé les mêmes mots que son père pour lui avouer son amour. « Rose que j'aime de tout mon cœur », ces mots, Rose ne les avaient plus jamais entendus depuis la mort de son père, il y avait de cela dix-neuf ans. Son cœur se serra.

CHAPITRE 21

MARIANNE (6 mois plus tard)

Il était six heures du matin et le cellulaire de Marianne n'arrêtait pas de sonner. Les yeux gorgés de sommeil, elle pensa immédiatement à Colin et Justine. Elle se leva précipitamment et s'empara de son téléphone qui attendait sur la commode. Victor se leva à son tour et enfila son pyjama. À l'autre bout du fil, un homme se présenta, Matthew Lewis, policier de la Gendarmerie royale du Canada. Il demanda à parler à madame Marianne Leclerc. Marianne répondit avec un soupçon de voix par l'affirmative. Le policier lui demanda si elle connaissait un certain monsieur Colin Latour.

Marianne s'effondra. Victor accourut pour la soutenir. « C'est mon fils, répondit-elle d'une voix hésitante. »

Le policier lui expliqua qu'il y avait eu une avalanche hier après-midi vers les quatorze heures à Whistler et qu'un homme, après avoir été enseveli pendant une trentaine de minutes, avait été retrouvé par les chiens sauveteurs. Il était inconscient, mais toujours vivant. Il avait été transporté par hélicoptère au Whistler Health Care Center.

Après avoir noté tous les renseignements donnés par le policier Lewis, Marianne le remercia et raccrocha. Victor n'eut que le temps de l'accueillir dans ses bras. Il cherchait des mots réconfortants sans les trouver.

Pendant que Victor préparait le petit déjeuner, Marianne prenait une douche. Elle s'habilla rapidement et le rejoignit dans la cuisine. Elle but un café et refusa de manger. Elle était incapable de parler sans éclater en sanglots, alors, elle ne disait plus rien. Victor réchauffait son café pendant qu'elle fouillait dans son carnet d'adresses à la recherche du numéro de téléphone de Thomas.

Au bout de quatre sonneries, une femme répondit. On entendait les pleurs d'un bébé.

« Allô, dit une voix féminine pleine de colère et d'impatience.

— Bonjour, Marianne Leclerc à l'appareil, se présenta-t-elle, je suis désolée de vous déranger à une heure aussi matinale, mais je voudrais parler à Thomas, s'il vous plaît, c'est très important. »

La voix féminine ne lui dit pas « un instant, je vous prie », mais en s'adressant à Thomas, elle lança : « Thomas, c'est ton ex au téléphone. » Marianne, au son des hurlements du bébé, attendit deux à trois minutes avant d'entendre Thomas.

« Que se passe-t-il, demanda-t-il, mécontent d'être dérangé à une heure aussi inappropriée.

— C'est Colin, répondit Marianne en éclatant en sanglots, il y a eu une avalanche... Le policier qui vient de m'appeler, continuait-elle d'une voix éteinte, m'a dit qu'il était encore vivant.

— Encore vivant...encore vivant...répétait Thomas, qu'est-ce que ça veut dire?

— Il est demeuré enseveli sous la neige pendant une trentaine de minutes, poursuivait Marianne qui n'arrêtait pas de renifler, les chiens sauveteurs l'ont trouvé...

— Où est-il, coupa Thomas, comment va-t-il?

— Il est grièvement blessé, il est à l'hôpital de Whistler. Colin est seul, Thomas, sans sa famille et il nous attend.

— Je réserve deux billets d'avion pour Vancouver et j'arrive.

— Je fais ma valise, dit Marianne et elle raccrocha. »

En moins d'une demi-heure, Victor l'avait ramenée dans sa maison. Avant de quitter une Marianne en pleurs, il lui donna un précieux conseil : « Tes larmes sont inutiles pour le moment, Marianne, tu as besoin de toute ta lucidité afin de prendre les meilleures décisions pour ton fils. » Marianne le serra dans ses bras.

Le prochain vol partait à quatorze heures cinq. Thomas viendra la chercher à onze heures trente pour se rendre à l'aéroport Pierre-Elliott-Trudeau. Il avait déjà loué une voiture pour franchir la centaine de kilomètres qui les séparaient de Whistler. Marianne cessa de pleurer, elle était pleine d'optimisme.

Ils atterrirent à Vancouver comme il avait été prévu. Très vite, ils se retrouvèrent sur la route les menant à l'hôpital de Whistler. Thomas lui parla de son nouvel enfant, un beau petit garçon appelé Nicolas. Il lui confia que l'enfant pleurait toutes les nuits depuis deux mois. Il ne dormait plus, il avait vieilli de dix ans. « Ça dure combien de temps, ce braillage-là ? »

— Il est trop jeune pour être mis en pension, rétorqua Marianne.

— Tu n'as pas perdu ton sens de l'humour, constata Thomas.

Marianne riposta que dans son cas, l'humour avait été un aidant naturel.

— Je ne savais pas que tu avais été si malheureuse pendant notre mariage, déclara Thomas, sidéré par le commentaire de Marianne.

— C'est une de tes grandes forces, Thomas Latour, tu ne te rends jamais compte de rien, ça te permet d'avoir l'esprit tranquille.

Thomas ne comprenait rien à ce que Marianne lui disait.

— Tu ne t'intéresses jamais aux autres, poursuivit-elle, tu es un grand narcissique avec un ego surdimensionné.

— Bon! Voilà que madame se prend pour une psychanalyste, protesta Thomas. Ça suffit Dr Freud, il y a des gens qui souffrent plus que nous.

Marianne consentit à faire une trêve et ne penser qu'à leur fils. Elle se remit à pleurer. Thomas lui rappela comment Colin était un bébé extraordinaire qui ne leur avait jamais fait passer une seule nuit blanche.

« Tu te rappelles, Marianne, un certain samedi soir, tout était calme dans la maison...
— Nous sommes allés au cinéma, continua-t-elle, le film commence et quinze minutes plus tard, je te dis que nous avions laissé Colin tout seul à la maison.

— On se dépêchait pour rentrer et nous pleurions comme deux malades parce qu'on se rendait compte que nous étions tellement incompétents.

— On avait oublié que nous étions devenus parents, constatait Marianne, désemparée.

— Nous avons couru jusqu'à la chambre de Colin, il dormait comme un petit ange.

— Tout ça parce que nous avions un bébé qui ne pleurait jamais, dit Marianne. Ne lui en veut pas à ton petit. »

Thomas avoua qu'il n'en avait jamais parlé, c'était trop honteux.

— Moi non plus, dit Marianne, même pas à Rose.

— Elle t'aurait enlevé son filleul. »

Ils éclatèrent de rire.

Ils furent agréablement surpris lorsqu'ils virent la pancarte indiquant que le Whistler Health Care Center était à moins de cinq kilomètres. C'est avec soulagement qu'ils s'engagèrent sur Lorimer Road. Tout de suite, ils aperçurent l'hôpital. Thomas trouva une aire de stationnement. Ils marchèrent rapidement jusqu'à la porte centrale et se dirigèrent vers la réception. Marianne s'identifia et demanda à la préposée où se trouvait leur fils Colin Latour victime d'une avalanche, hier. Nous arrivons de Montréal, crut-elle bon de préciser. La préposée vérifia sur son ordinateur et lança : « ROOM 413 ». Thomas prit la main de Marianne et l'amena jusqu'aux ascenseurs. Les portes s'ouvrirent, sept personnes s'y engouffrèrent. Marianne appuya sur le chiffre 4. L'ascenseur s'arrêta à tous les étages. Thomas et Marianne s'impatientaient. Les portes du quatrième étage s'ouvrirent, ils sortirent en évitant de se faire bousculer et, finalement, se retrouvèrent devant la chambre 413.

CHAPITRE 22

ROSE

Au milieu du mois d'octobre, Rose eut un coup de cœur pour une maison mitoyenne en briques rouges à proximité des cafés, des restaurants et des boutiques. Avec un jardin plein sud jouissant d'une grande intimité. Richard avait quelque peu tiqué sur le prix. Il voulait vendre son appartement. Pour l'en dissuader, Rose lui avait dit que ses trois fils seraient heureux de profiter du pied-à-terre de leur père.

Rose lui avait offert d'acheter cette maison en parts égales. Il avait accepté à la seule condition qu'elle lui vende sa part si un jour elle le quittait. « Je vais faire mieux, le réconforta-t-elle, quand je mourrai, je te léguerai ma moitié de maison avec un immense plaisir. »

— Ne me parle pas de la mort.

Même s'il la côtoyait souvent, Richard ne pensait jamais à la mort des gens qu'il aimait comme une possible éventualité. Rose lui promit de ne pas mourir avant très longtemps. « J'aime mieux ça. »

Rose avait envoyé une multitude de photos à Marianne qui se montra enchantée de sa trouvaille. Chacune y allait de ses suggestions pour la décoration du salon ou de la chambre principale avec un immense placard et une belle cheminée. Rose avait récupéré tous les meubles de l'appartement de Richard et il les avait remplacés par des meubles IKEA. Elle avait loué une voiture et avait parcouru les brocantes pour compléter l'ameublement de la maison.

Richard avait été étonné de la rapidité avec laquelle Rose s'était habituée à conduire à droite. Marianne n'en était pas encore revenue.

D'ailleurs, Rose était si fière d'elle qu'elle avait décidé de s'acheter une petite voiture.

La nouvelle propriétaire avait déniché des objets et des meubles inusités en faisant le tour des brocantes. Marianne lui disait qu'elle avait le don de découvrir ce petit quelque chose qui donnait du cachet à une pièce banale. Une table ancienne avec des chaises ultramodernes, une lampe contemporaine sur un buffet tout décati, l'encadrement d'un miroir ou une bibliothèque ancienne aux vitres plombées ou une belle lampe vintage déposée sur une table de chevet.

Elle avait aménagé son bureau dans une des chambres dont la fenêtre accueillait deux cerisiers japonais, « comme à Washington », lui avait dit Marianne, dont la floraison durait de deux à trois semaines. Travailler dans un tel environnement la ravissait.

L'installation de la maison lui prenait tout son temps depuis qu'elle avait remis son travail à l'éditeur. Ces derniers jours, elle avait peu écrit à Marianne. En ce sombre matin de décembre, elle avait lu les courriels de son amie, envoyés il y avait maintenant trois jours. Un premier à vingt-trois heures quarante-cinq, heure de Vancouver.

>Monalisa : Un grand malheur est arrivé à Colin. Son père et moi sommes arrivés à Whistler à dix-neuf heures.

Suivi d'un deuxième message le lendemain matin à six heures.

>Monalisa : Où es-tu? Je suis si malheureuse. Je suis toujours à l'hôpital de Whistler.

Les yeux de Rose s'accrochaient au mot malheur et son cœur se serrait à toutes les fois qu'elle le relisait. Elle voulait écrire à Marianne de ne rien dire de plus, elle ne désirait pas le lire, mais ses doigts sur le clavier refusaient d'avancer comme atteints de paralysie spontanée. Dans son for intérieur, elle n'osait croire à tout ce que son imagination lui prodiguait d'informations aussi cruelles qu'insupportables. Elle réussit finalement à bouger ses doigts et écrivit à son amie.

>Ladyrose : Que se passe-t-il? Ne me laisse pas dans l'ignorance plus longtemps.

La réponse ne tarda pas et Rose put enfin lire toutes les explications concernant les malheurs de Colin.

>Monalisa : Le mot que je redoutais tant depuis que Colin est à Whistler s'est immiscé dans nos vies : AVALANCHE. Colin est vivant. Mais il a subi tant de fractures (crâne, tibia droit, col du fémur gauche et les 5 doigts de la main gauche) qu'il ressemble à une momie dans son lit d'hôpital. Il peine encore à ouvrir les yeux parce que les opérations ont été longues. Il nous sourit. Je dois prévenir Justine, mais je ne veux pas l'apeurer parce que tu sais qu'elle est enceinte.

>Ladyrose : Il est vivant et c'est tout ce qui compte. J'imaginais le pire en lisant tes courriels. Est-ce que tu as besoin de moi? Je peux me rendre à Whistler immédiatement, si tu veux.

>Monalisa : Pas nécessaire. Il y a tant de tension et d'incertitude ici que le climat n'est pas des plus agréables.

>Ladyrose : Ne me laisse pas sans nouvelles et surtout dis à Colin que je l'aime et que sa

marraine pense très très fort à lui. Je t'embrasse et embrasse Colin pour moi. Salue Thomas de ma part.

>Monalisa : Je lui transmettrai ton message. Je t'embrasse aussi.

Rose s'était sentie rassurée, mais l'inquiétude était loin de l'avoir abandonnée. Soudain, elle eut froid, elle enfila un chandail de laine. Elle téléphona à Mr Perkins, l'éditeur, pour lui offrir ses services. Elle se sentait d'attaque pour une nouvelle traduction, lui dit-elle. Elle devait s'occuper l'esprit pour ne pas sombrer dans la folie.

En refermant le téléphone, elle regrettait déjà de s'être engagée dans une traduction qui demanderait au moins quatre mois de travail ardu : un roman policier de cinq cents pages à traduire en français. Avait-elle envie de ce travail astreignant, au moment où elle ne pensait qu'à s'envoler vers Whistler. Elle était seule, Richard travaillait de longues heures. Certains jours, elle se demandait s'il existait vraiment.

CHAPITRE 23

MARIANNE

La porte n'était pas complètement fermée. Marianne et Thomas l'ouvrirent lentement sans penser à frapper et aperçurent une personne emmaillotée dans le lit. En s'approchant sur la pointe des pieds, ils découvrirent leurs fils. Incrédules, leurs visages ruisselaient de larmes. Marianne se pencha et l'embrassa délicatement sur le front. Les paupières de Colin semblaient scellées, il essayait péniblement d'ouvrir les yeux, il esquissa à peine un sourire. Marianne reconnut le vert de ses yeux, incapable de calmer sa douleur, elle pleurait toujours.

Thomas s'assit sur le bord du lit, invita Marianne à s'asseoir à côté de lui. « Ta mère et moi avons eu très peur de te perdre. Nous venons d'arriver. Un policier a téléphoné à ta mère ce matin. Nous avons fait le plus vite que nous avons pu. » Marianne embrassa les mains inertes de son fils.

Ils entendirent des gémissements. Au même moment, un médecin accompagné d'une infirmière arriva au chevet du patient Latour. « I'm Dr Kausky, dit-il. He's not totally awake, but the operation is a complete success ». Il énuméra toutes les blessures que l'avalanche avait causées en ajoutant que, malgré tout, leur fils s'en était bien sorti.

Cette gigantesque masse de neige incontrôlable avait propulsé Colin contre un arbre dont le tronc faisait plus de quatre-vingt-quinze centimètres, ce qui avait provoqué de multiples fractures. L'orthopédiste leur dit qu'il avait cru à une fracture du bassin, mais la radiographie avait plutôt confirmé une fracture du col du fémur. « The recovery will be long, ajouta-t-il, but trust your son, he looks solid. »

Ces paroles encourageantes furent accueillies avec beaucoup de soulagement. Thomas demanda au médecin quand leur fils pourrait quitter Whistler parce qu'il voulait l'amener dans un hôpital à Montréal. Le Dr

Kausky déclara que dans son état, leur fils ne pouvait ni prendre l'avion ni même monter dans une voiture avant au moins trois semaines. Le médecin quitta la chambre et Marianne s'opposa férocement à cette démarche qui lui semblait complètement folle. Elle lui dit qu'il avait sans doute oublié que Colin habitait en Colombie-Britannique, qu'il travaillait à Whistler depuis quelques années et que sa vie était ici maintenant.

« Nous ne sommes pas venus à Whistler pour ramener notre fils à la maison après un accident qu'il aurait eu dans un camp de vacances, ce n'est plus un petit garçon, le morigéna Marianne.

Thomas ne comprenait pas sa désapprobation.

— Il recevra de meilleurs soins à Montréal, insista-t-il.

— Nous ne sommes pas en pleine brousse, Thomas, mais dans un hôpital hautement recommandable. Je resterai auprès de mon fils le temps qu'il faudra. »

Au même moment, la porte de la chambre s'ouvrit et une jeune femme à la longue chevelure bouclée fit son apparition. Elle s'avança lentement en les dévisageant et se présenta.

« I'm June Prentiss.

— Enchantée, dit Marianne en lui tendant la main, nous sommes les parents de Colin. Voici Thomas, son père et moi, sa mère, Marianne.

Thomas lui tendit la main.

— Enchantée, dit June.

— Est-ce que vous êtes une amie de Colin, demanda Marianne.

— Colin et moi live together since deux mois, dit-elle, embarrassée. I'm sauveteur comme Colin, poursuivit-elle dans un bilinguisme approximatif. »

June s'approcha de Colin, se pencha, lui susurra à l'oreille : « I'm here, my love » et l'embrassa sur les lèvres. Colin ouvrit les yeux et sourit.

Marianne et Thomas se regardèrent, étonnés, mais charmés par cette jeune femme magnifique. Marianne chuchota à Thomas que la seule raison sensée pour ne pas transporter leur fils à Montréal était l'existence de June Prentiss. Thomas lui répondit que leur fils leur avait toujours réservé de curieuses surprises.

    Ils sortirent de la chambre pour laisser un peu d'intimité aux amoureux. Thomas se rendit à la cafétéria pendant que Marianne se dirigea dans la salle d'attente pour écrire à Rose.

>Monalisa : Nous venons de rencontrer la femme que Colin aime. Elle s'appelle June Prentiss, elle est très belle. Thomas dit qu'elle te ressemble.

>Ladyrose : Il ne faut pas croire tout ce que dit Thomas.

>Monalisa : Il a raison, elle te ressemble. Il me semble que c'est un compliment, non?

    La femme que Colin aimait lui ressemblait. Une grande bouffée d'amour l'envahit. Elle refusa de se laisser gagner par des souvenirs aussi intenses.

>Ladyrose : Parle-moi de lui.

>Monalisa : Il est conscient. Le médecin nous a dit que l'opération s'était bien déroulée et que la convalescence sera longue. Je resterai à Whistler le temps qu'il faudra.

>Ladyrose : Je suis heureuse de savoir qu'il est entre bonnes mains.

>Monalisa : Thomas voulait le ramener à Montréal, je m'y suis radicalement opposée.

>Ladyrose : Bravo! Il serait odieux de séparer des amoureux dans des moments aussi tragiques.

>Monalisa : Tu as tout compris. Je t'embrasse.

>Ladyrose : Je t'embrasse et embrasse encore Colin pour moi. Dis-lui que je pense très fort à lui.

Deux jours plus tard, Thomas retourna à Montréal. Il reviendrait aussi souvent que son travail le lui permettrait, avait-il dit à Colin. Marianne s'installa dans un « Bed and Breakfeast » pas très loin de l'hôpital. Elle communiquait tous les jours avec Rose. Toutes les deux se remémoraient les souvenirs formidables associés à Colin. Rose se disait que sa vie avait souvent été éclaboussée par des rebondissements malheureux. Elle n'avait jamais pu jouir sereinement des moments de bonheur qui s'étaient présentés. La punition n'était jamais trop loin. Comme si le plaisir lui était interdit. Rose avait horreur des superstitions, mais elle comprenait les gens qui adoptaient ces pratiques irrationnelles pour expliquer les mauvais sorts. Elle refusait de croire que le malheur de Colin se mesurait à la qualité de son bonheur même si ces idées malveillantes l'assaillaient. Elle ne pouvait adhérer à un tel comportement basé sur la magie ou le sacré. Mais c'était plus fort qu'elle.

Marianne lui répondait en essayant de garder son sérieux que les avalanches étaient très fréquentes dans cette région des Rocheuses et que les peurs mystiques de Rose Dumais n'avaient aucune incidence sur leur déploiement.

>Monalisa : Tu peux dormir tranquille. Cesse de te sentir responsable de tous les malheurs de la terre, c'est ridicule de penser que tes bonheurs déclencheront des tsunamis de malheurs. Dis-toi que si tu portais vraiment malheur, je ne t'aurais jamais choisie pour être la marraine de Colin.

>Ladyrose : C'est fou, je sais, tu me rassures. Comment va Colin?

>Monalisa : Il fait ses traitements de physiothérapie très sérieusement et les médecins nous disent qu'il progresse rapidement.

>Ladyrose : Heureuse d'entendre de si bonnes nouvelles.

>Monalisa : Il a hâte de guérir et tu sais pourquoi?...pour refaire du ski. J'ai mis au monde un écervelé qui veut faire mourir sa mère. En plus, il rit à gorge déployée quand je lui interdis de refaire du ski.

>Ladyrose : Tu pourrais demander à June de veiller au grain.

>Monalisa : C'est un homme, plus un enfant.

>Ladyrose : Tu es sa mère, non?

>Monalisa : Je ne suis que sa mère, maintenant.

>Ladyrose : Qu'est-ce que tu veux dire?

> Monalisa : Je n'ai plus aucun pouvoir. Il n'en fera toujours qu'à sa tête. Et c'est très bien comme ça.

>Ladyrose : Tu me manques et à bientôt. Bises.

>Monalisa : Je t'embrasse. Tu me manques aussi.

Marianne referma son ordinateur et s'en alla à l'hôpital retrouver son fils. Victor lui manquait. Ils se parlaient presque tous les soirs au téléphone, elle se laissait bercer par sa voix chaude et enivrante.

CHAPITRE 24

ROSE

La période des Fêtes avait été la plus active et la plus profitable de sa vie. Rose avait refusé de s'apitoyer sur son sort de femme abandonnée pour certains, mais ô combien enviable pour d'autres. Elle avait eu avec Richard une discussion assez vive concernant les congés de Noël et du Jour de l'An. Finalement, elle avait compris et accepté les absences de Richard concernant les repas qu'il devait passer avec sa famille. Mais la période des fêtes était sacrée, comme lui-même le disait souvent, puisque ses enfants avaient la priorité.

Est-ce que Rose pouvait comprendre ces réunions familiales, même si elle n'avait jamais eu d'enfant? Elle eut un si lourd pincement au cœur en l'entendant lui rappeler une telle chose, qu'elle s'était demandé s'il l'aimait vraiment. Elle avait refusé d'emmagasiner cette peine dans un recoin de son cerveau parce qu'elle ne voulait pas accumuler de regrets au fil de sa vie avec lui. Elle avait lu un article dans le journal où elle apprenait que des centaines de maisons étaient à l'abandon depuis le krach de deux mille huit. Un groupe de squatteurs, pour protester contre le sort des SDF de Dublin, occupait une maison du quartier Northside, déserte depuis à peu près trois ans. Une idée avait traversé l'esprit de Rose. Elle s'était rendue dans ce quartier et avait trouvé la maison abandonnée.

Elle avait rencontré les jeunes et les moins jeunes sans-abri qui lui expliquèrent que leur action était plutôt une intervention politique pour dénoncer les institutions financières responsables du marasme économique dans lequel l'Irlande avait été plongée. Même s'ils ne souffraient pas d'inanition, la grande majorité ne mangeait pas à sa faim. Elle rencontra le leader du groupe et offrit de préparer un souper de Noël pour les trente-deux personnes de la maison. Cette suggestion fut accueillie avec enthousiasme, mais le leader crut bon de l'informer qu'aucune drogue, aucun alcool n'étaient permis.

Richard n'en était pas encore revenu. Rose passerait Noël avec des SDF.

« Qu'est-ce qu'il y a de si extraordinaire à s'occuper de personnes démunies? demanda Rose, étonnée de la réaction de Richard.

— Je pense à ta santé et à ta sécurité, dit-il.

Rose esquissa un sourire.

— Tu aurais préféré que je reste seule toute la journée de Noël à t'attendre en regardant la télévision et pleurant toutes les larmes de mon corps, s'exclama Rose exaspérée.

— Que tu m'attendes quelques heures seulement, risqua-t-il.

Rose était indignée.

— Tu veux dire toute la journée, s'insurgea-t-elle. Vaut mieux être sourde que d'entendre des âneries pareilles.

— J'éprouve une grande inquiétude, avoua Richard.

— Tu ne m'empêcheras jamais de faire ce que je juge essentiel d'accomplir, lança Rose d'une voix agacée.

— Alors, tu ne changeras pas d'idée, même si j'insiste, demanda-t-il une dernière fois.

— Surtout si tu insistes.

Rose affirma qu'elle était le contraire d'une girouette et qu'il se le tienne pour dit.

Richard passa Noël avec sa famille et Rose avec les gens de la maison de Northside qu'elle apprit à comprendre et à estimer. Elle leur avait apporté tellement de nourriture qu'ils avaient pu, avec les restes, célébrer la nouvelle année dans une relative abondance. Rose leur rendait visite régulièrement, apportant nourriture, bouteilles d'eau, livres, journaux, vêtements, serviettes et savons. Elle avait plus appris sur la situation politique et économique en Irlande en côtoyant ses nouveaux amis qu'avec Richard en dix mois de vie commune.

Exceptionnellement, Richard amena toute sa famille au restaurant pour le brunch du trente et un décembre au lieu du traditionnel réveillon. Ses trois fils étaient tous occupés à célébrer le Nouvel An avec leurs amis. Richard réalisait que ses enfants grandissaient et que les traditions familiales étaient en train de changer;

il était déçu. Rose s'en était réjouie. Elle existait vraiment dans la vie de Richard Harris, avait-elle pensé. Il avait omis de lui révéler la vraie raison de ce changement. À dix-huit heures pile, il était à la maison avec elle pour célébrer la Nouvelle Année.

Rose avait cuisiné des plats exquis pour ce premier réveillon en amoureux. Des huîtres gratinées au foie gras avaient hautement impressionné Richard, suivi d'un magret de canard aux clémentines. Et pour terminer, une tarte aux poires et chocolat et une bûche aux marrons, cassis et whisky achetées chez Queen of tarts. Et le tout accompagné du meilleur champagne. La nuit fut très agitée. Ce fut un Nouvel An inoubliable.

Le surlendemain, Rose se remit à son travail de traduction. Auparavant, elle écrivit à Marianne pour lui offrir ses meilleurs vœux pour la nouvelle année.

>Ladyrose : Richard m'a confirmé qu'il pourra prendre dix jours de vacances en février. Il sera de la fête avec nous tous, n'est-ce pas merveilleux?

>Monalisa : Je n'ai pas tellement l'esprit à la fête. Tu devrais communiquer avec Victor. Je l'ai invité à venir passer quelques jours avec moi, il arrive jeudi prochain. Il me manque.

>Ladyrose : Je lui téléphone avant son départ. Il faut faire de cette journée un événement que nous n'oublierons pas de sitôt. Bises.

>Monalisa : Hâte de te voir. Bises.

Rose téléphona à Victor le jour même. Il se montra ravi d'entendre la voix de Rose. Ils se souhaitèrent une bonne et heureuse année et parlèrent de Marianne. Victor lui confia comment elle lui manquait et qu'il était si heureux d'aller la retrouver pendant quelques jours. Il espérait la ramener à Montréal parce que Colin prenait du mieux, il était en voie de guérison selon les dires de Marianne. Il avoua à Rose qu'il était content d'organiser une fête pour célébrer les soixante ans de deux femmes exceptionnelles. Rose l'arrêta tout de suite et le pria de modérer l'usage de qualificatifs exagérés. Ils se quittèrent en se promettant de belles randonnées dans les Laurentides.

Rose avait profité des soldes de fin de saison. Elle s'était acheté deux robes en cachemire et de nouvelles chaussures. Elle avait choisi une robe bleu marine ainsi que deux écharpes gris clair et rouge grenadine en cachemire pour Marianne ainsi qu'un joli chapeau noir en velours, coton et tweed. Elle n'arriverait pas les mains vides.

Rose travaillait d'arrache-pied à la traduction du roman policier. Elle ne voyait pas les journées s'écouler. Elle avait tellement hâte de s'envoler vers le Québec, que ses deux valises étaient déjà prêtes. Marianne lui avait conseillé d'apporter des vêtements chauds parce que le froid intense paralysait tout le Québec. Le mercure était même descendu à moins trente-quatre degrés Celsius à Montréal. Du jamais vu depuis la fin des années cinquante. Aucun froid sibérien ne m'empêchera d'aller à Montréal, se dit Rose.

Richard avait téléphoné vers les dix-huit heures pour la prévenir qu'il serait en retard.

— Après, ce sera les vacances, mon amour.

Rose.

— Je t'aime.

— Je t'aime, ma belle Rose.

Ce mot si doux à entendre rasséréna Rose regardait souvent sa montre, il était plus de vingt heures. Elle ne s'inquiétait pas outre mesure parce que Richard était souvent retardé malgré lui. Elle se souvenait que la ponctualité était une des qualités que Marianne appréciait le plus au monde. Sa grande amie n'aurait jamais pu vivre avec Richard Harris.

Rose prépara du café, elle en but une tasse, nerveusement. À vingt et une heures trente, elle risqua un appel sur son cellulaire. Aucune réponse. Elle ne laissa pas de message dans sa boîte vocale. Elle était de plus en plus anxieuse. Elle se versa un autre café en essayant de contrôler son appréhension. Elle se rassurait du mieux qu'elle pouvait. Rose faisait des efforts surhumains pour chasser les pressentiments qui la défiaient. « Il n'y a plus de place dans mon cimetière intérieur, se disait-elle, les larmes aux yeux, j'ai beaucoup trop donné ».

La sonnette de la porte retentit. Rose sursauta. Elle se dépêcha d'aller ouvrir. Elle vit deux hommes en uniforme, l'air trop sérieux. Un grand trou noir s'immisça traîtreusement dans son cerveau.

Rose ne savait pas comment elle s'était retrouvée dans cette pièce froide, terne et horrible. Elle ne reconnaissait pas le cadavre au-dessus duquel elle pleurait.

CHAPITRE 25

MARIANNE et ROSE

Au téléphone, Marianne avait à peine reconnu cette voix caverneuse et chevrotante qui ne cessait de répéter : « Il est mort, Marianne...il est mort...il est mort... », dans un diminuendo qui s'éteignait lentement. Marianne n'osait prononcer le nom de la seule personne dont la mort mettrait Rose dans un tel état. Comme un leitmotiv scandé à la façon d'une devise réconfortante, Rose répétait sans arrêt ces trois mots insoutenables.

« Attends-moi, Rose, dit Marianne d'un ton ferme, j'arrive.

— Je suis si seule, Marianne, il est mort. À n'en plus douter, je porte malheur, continuait inlassablement Rose.

— Je prends le prochain vol pour Dublin, attends-moi, disait Marianne à Rose qui ne l'entendait plus. » Et elle raccrocha.

Victor l'avait aidée à trouver un vol pour Dublin. Il avait insisté pour l'accompagner. Marianne lui avait dit que ce n'était pas le moment d'afficher leur bonheur devant Rose.

Marianne avait sonné. Aucune réponse. Elle sonna à nouveau, toujours pas de réponse. Elle tourna doucement la poignée, la porte s'ouvrit. Elle s'avança, referma la porte derrière elle, déposa son sac de voyage, fit quelques pas et découvrit sa grande amie recroquevillée dans un coin du canapé, le teint blême, les traits tirés, les yeux atrocement cernés. Marianne ne la reconnaissait plus, Rose avait vieilli de dix ans. Marianne s'assit à côté d'elle, Rose se réfugia dans ses bras, elle pleurait à ne plus jamais vouloir s'arrêter. Elle disait qu'elle portait malheur. Marianne ne savait quoi dire ni quoi faire pour la consoler. Elle la serra dans ses bras et attendit l'accalmie. Le temps passait, Rose ne cessait pas de pleurer.

« Pleurer, ça m'occupe, tentait-elle de justifier devant Marianne complètement démunie, quoi faire d'autre, je voudrais hurler ma peine jusqu'à en perdre la voix. »

Plus tard, Marianne lui demanda de raconter ce qui était arrivé à Richard Harris. Rose se moucha bruyamment. Elle but un grand verre d'eau et mangea les quelques amandes qui traînaient dans un petit bol en bambou rapporté de Croatie sur la table du salon. Rose refusa l'omelette que Marianne voulait lui préparer, déclina également le café. Elle se mit à parler des deux policiers qui étaient venus lui annoncer l'accident mortel du Dr Richard Harris.

Les deux policiers l'avaient regardée attentivement avec un air posé qui n'augurait rien de bon. Leurs lèvres bougeaient, mais Rose n'entendait pas ce qu'ils disaient. Elle se souvint que le plus âgé s'était avancé vers elle pour la soutenir parce qu'elle ne sentait plus ses jambes. Elle se rappelait avoir pensé qu'avec une telle force, il avait bien fait de devenir policier. Elle avait vu l'autre ouvrir le placard de l'entrée, choisir un manteau et s'informer si c'était celui-là qu'elle désirait porter. Il enroula un foulard autour de son cou, lui remit des gants et son sac à main. Elle s'était alors demandé ce qu'elle avait fait de mal pour que les policiers l'amènent en prison. Elle avait pensé leur dire de ne pas lui mettre des menottes parce qu'elle était claustrophobe et qu'elle se mettrait à hurler.

— Est-ce que tu peux comprendre, Marianne, que je vivais une autre histoire que celle qu'ils me racontaient?

Marianne acquiesça tout en continuant d'écouter son amie.

« Que mon cerveau était complètement fermé? Complètement désactivé? C'était une si étrange sensation. J'ai vraiment vécu ce qu'une personne mentalement dérangée pouvait éprouver quand on lui disait des mots tout à fait sensés et que ses interprétations étaient incommensurablement erronées », tentait d'expliquer Rose.

Marianne n'avait, de sa vie, jamais ressenti une telle fermeture à l'autre. Elle laissa Rose lui narrer la suite. Les deux policiers l'avaient amenée à l'hôpital. Rose se souvenait d'avoir marché longtemps dans des corridors bleu clair. Une porte s'était enfin ouverte. Rose avait vu un homme qui dormait dans une civière. Il était recouvert jusqu'aux épaules d'un drap blanc. Le sommeil de cet homme lui semblait paisible. Rose s'était approchée et avait déposé délicatement un baiser sur sa bouche, elle ne voulait pas le réveiller. Elle croyait ne pas pleurer, mais elle vit deux larmes lui appartenant tomber sur les joues de l'homme.

Un inconnu était entré. Il lui avait appris que son équipe et lui avaient tout tenté pour le ranimer. Il avait soupçonné qu'une crise cardiaque avait provoqué l'accident. Rose pensa immédiatement à son père, lui aussi mort en quelques secondes d'une crise cardiaque. Une mort rapide et inattendue dans la solitude. L'inconnu l'assura que seule une autopsie déterminerait la raison de la mort du Dr Harris.

« Vous avez besoin d'une raison ? avait demandé Rose.

— C'est la procédure, avait répondu le médecin, interloqué. »

Rose lui avait dit qu'elle se foutait de la procédure. Elle avait éclaté en sanglots. Le médecin l'avait invité à s'asseoir. Il avait expliqué que les gens avaient besoin de connaître les vraies raisons de la mort de leurs proches, les doutes étaient invivables.

« N'aimeriez-vous pas tout savoir sur le comment de cette mort prématurée pour boucler irrémédiablement la boucle, chère Madame ? »

Rose avait fait oui de la tête, elle avait esquissé un sourire parce qu'elle s'était vue en train de faire une boucle avec un ruban rouge sur le cercueil de Richard. Marianne lui disait qu'elle se devait d'apprendre les véritables causes de la mort de Richard et qu'elle l'aiderait dans ses démarches funéraires. En entendant le mot « funéraire », Rose se remit à pleurer.

— Ce que je voudrais vraiment faire, dit Rose en reniflant et en s'essuyant les yeux, ce serait envelopper Richard dans un magnifique linceul et l'enterrer dans une roseraie parce que les roses, c'était ses fleurs préférées. Il m'en offrait souvent.

« C'est très romantique, rétorqua Marianne.

— Il veut être incinéré, confia Rose. »

Elle chuchotait comme si cette dernière volonté de Richard dépassait l'entendement. « Alors, tu n'auras qu'à répandre ses cendres dans une roseraie. » Pour Marianne, c'était la chose la plus naturelle au monde.

— Quelle merveilleuse idée! dit Rose en fixant son amie.

Rose profita de ce moment solennel pour informer Marianne qu'elle désirait être incinérée, elle ne supporterait pas être enfermée dans une boîte en bois.

« Compte sur moi, la rassura Marianne, si j'ai toute ma tête.

— Tu crois que je vais mourir avant toi, n'est-ce pas?

— Je ne crois rien du tout, répondit Marianne, mais si tu meurs avant moi et que je suis grabataire dans un CHSLD, je ne pourrai certainement pas accomplir tes dernières volontés. »

Devant l'incongruité de ces propos, elles rirent toutes les deux.

— Mon cœur est en lambeaux et j'ai la force de rire, déclara Rose.

— Tu es vivante, dit Marianne.

Rose n'en pouvait plus de ces conversations sinistres. Elle ne pensait qu'à se tapir dans un coin de la maison et attendre que les démarches funéraires se déroulent sans elle, l'étrangère, loin des commentaires disgracieux, des questions inopportunes. Elle ne voulait pas partager le cadavre de son dernier amour avec des gens qu'elle ne connaissait pas. Ni subir leurs regards condescendants.

Garder Richard pour elle toute seule, l'embrasser, le caresser, sentir l'odeur de sa mort, se reposer une dernière fois dans ses bras, s'habituer à la froidure de sa peau, apprivoiser son absence, le remercier d'avoir été son dernier amour et lui donner la permission de la quitter pour l'éternité. Elle refusait de contribuer au brouhaha funèbre causé par la mort de son amoureux.

Rose se posait des questions auxquelles ni Marianne, ni elle, n'étaient en mesure de répondre. Richard était un homme discret, secret même, et Rose ne l'avait jamais questionné sur sa famille ou ses amis.

Marianne décida que le temps était venu de boire à la mémoire de Richard Harris. Il y avait une dizaine de bouteilles dans le buffet de la salle à manger. Elle choisit un Beaujolais et apporta le limonadier et deux coupes. Rose porta un toast à son dernier grand amour. Elles trinquèrent et burent en silence. Rose se leva, fit quelques pas jusqu'à la fenêtre, le temps était gris, annonciateur d'un orage. Marianne s'approcha de la fenêtre, elle observait Rose perdue dans ses pensées.

— Nous rentrons à Montréal, Marianne, annonça Rose.

— Tout de suite? s'enquit Marianne, étonnée.

— Dans quelques semaines, spécifia Rose. Est-ce que tu peux rester avec moi?

« Je peux faire venir Victor? » demanda Marianne.

Rose ne répondit pas, mais hocha la tête en souriant.

— Il faut que je boucle la boucle, il y a trop d'ombres douloureuses dans mon cimetière intérieur, dit Rose, tu vois, Marianne, c'est ça avec la mort, la vie continue.

Elle ajouta comme pour elle-même que si elle restait en Irlande, Dublin ferait d'elle une femme inconsolable.

Au même moment, la pluie se mit à tomber à verse. Des gens couraient dans la rue, cherchant à se mettre à l'abri.

Rose, le regard fixe, entendit Richard lui murmurer à l'oreille : « Aimez-vous vous promener sous la pluie? » Un sourire illumina son visage. Marianne s'approcha d'elle.

« On aimait tant les averses de pluie quand on était enfants. Tu t'en souviens? »

Rose hocha la tête.

— Et si on allait se promener sous la pluie comme quand on était des petites filles espiègles, proposa Marianne, sourire en coin.

— Sans parapluie?
— Sans parapluie.

FIN

www.ingramcontent.com/pod-product-compliance
Lightning Source LLC
Chambersburg PA
CBHW061636040426
42446CB00010B/1438